D1749899

THEA SOMMERS KLEINE KÜCHEN-BIBLIOTHEK

Omas beste Koch- und Backrezepte

Sonderausgabe

© 1996 Compact Verlag München
Redaktion: Kerstin Biniakowski, Wina Neuser
Illustration: Rainer Michel
Umschlaggestaltung: Inga Koch
Printed in Slovenia
ISBN 3-8174-5117-2
5351172

INHALT

Kochen gestern und heute	5
Suppen und Eintöpfe	7
Gemüse und Salate	25
Kartoffeln, Reis und Nudeln	35
Saucen	43
Fleischspeisen und Innereien	55
Fische	69
Wild und Geflügel	81
Geschlagenes und Gebackenes	91
Getränke, Eingemachtes und Eingekochtes	169
Omas Speisezettel	181
Register	187

Kochen gestern und heute

Vor nicht allzu langer Zeit war das Kochen noch mit immensem Einsatz verbuden. Die Kochkunst wurde dadurch aber nicht geschmälert; ja, fast das Gegenteil war der Fall. Viele der uns heute so selbstverständlich erscheinenden Produkte, Arbeitsmittel und Geräte waren unseren »Omas« noch fremd. Durch die neuen Küchengeräte ging jedoch leider auch ein Teil der Originalität der alten Rezepturen verloren. Der Kohle- oder Holzofen wurde abgelöst von Gas und Elektrizität, und Novitäten wie der Mikrowellenherd lassen Omas Küche heute immer mehr in einem nostalgischem Licht erscheinen.

Beim Erstellen der Rezepturen für dieses Buch haben wir versucht, primär auf zwei Dinge zu achten:

– die Originalität des Gerichtes sollte möglichst erhalten bleiben und
– das Gericht sollte auch in modernen Küchen problemlos nachzuvollziehen sein.

Für die Rezepte aus Oma's Backstube gelten folgende praktische Hinweise:
- Bei Mehl ist stets Weizenmehl vom Typ 405 gemeint.
- Es werden immer Eier der Güteklasse A und der Gewichtsklasse 3 oder 4 (55 - 65 g) verwendet.
- Alle Teige können mit dem elektrischen Rührgerät zubereitet werden.
- Alle Zeitangaben sind Mittelwerte. Deshalb immer die Garprobe machen: Ein trockenes Holzstäbchen schräg in die Mitte des Gebäcks stecken. Wenn kein Teig mehr am Holz haftet, ist das Gebäck fertig.

Damit alle Gerichte gelingen, finden Sie in diesem Buch nur die besten, mehrfach erprobten Rezepte.

Wir hoffen, daß auch für Sie etwas dabei ist, was Sie vielleicht in Erinnerung an die Kindheit schwelgen läßt.

Die Mengenangaben der Rezepturen sind für jeweils 4 Personen. Sollte dies bei dem einen oder anderen Gericht nicht der Fall sein, ist dies vermerkt. Wir wünschen viel Spaß und gutes Gelingen!

Suppen & Eintöpfe

Altbayerische Suppe

Zutaten:

60 g Gerste, 60 g Erbsen, 60 g Reis, 1 kleine Knolle Sellerie, 2 Petersiliewurzeln, 20 g Butter, Salz, Pfeffer, 1 1/2 l Brühe, 1/10 l Weißwein

Zubereitung:

Die Erbsen über Nacht in kaltem Wasser einweichen und am darauffolgenden Tag das Einweichwasser abschütten. Den Sellerie und die Petersiliewurzeln waschen, schälen und in kleine Würfel schneiden. Die Butter in einem größeren Topf zergehen lassen und das Gemüse hineingeben. Nach kurzer Dünstzeit mit Weißwein ablöschen und die Erbsen, die Gerste und den Reis zugeben. Mit Brühe auffüllen und eine knappe Stunde weichkochen. Mit Salz, Pfeffer abschmecken. Nach Belieben mit Bratwurstscheiben (Einlage) servieren.

Bartsch – einfache rote Rübensuppe

Zutaten:

400 g Schweinefleisch (ohne Knochen), 2 rote Rüben, 1 Zwiebel, 50 g Fett, 1 1/2 l Brühe, Salz, Kümmel, 2 Lorbeerblätter, frisch gestoßener Pfeffer, 1/5 l saure Sahne

Zubereitung:

Das Fleisch würfeln und die Zwiebel fein schneiden. Die roten Rüben gründlich waschen und dabei nicht verletzen, um ein Ausbluten zu verhindern. Ca. 50 Minuten weichdämpfen und rasch kalt überbrausen. Anschließend schälen, reiben und im Saft stehen lassen. Nach diesen Vorbereitungsarbeiten kann die eigentliche »Kocherei« nun losgehen. Die Fleischwürfel in heißem Fett gut andünsten und Zwiebeln zugeben, mitdünsten, bis sie glasig sind. Mit der Fleischbrühe auffüllen, Lorbeerblätter und Kümmel zugeben, und knapp 1 1/2 Stunden garkochen. Kurz vor Ende der Garzeit die geriebenen roten Rüben mit etwas Saft zugeben, nochmals aufkochen lassen und mit den Gewürzen abschmecken. Zum Schluß mit der Sahne verfeinern und servieren. Zu Omas Zeiten wurden bei dieser Suppe auch Fleischreste anstatt frischem Fleisch verwendet.

Blumenkohlsuppe

Zutaten:
1 Kopf Blumenkohl, 100 g Butter, 50 g Mehl, 1 Eigelb, Salz, Pfeffer, etwas Muskat und Zitronensaft

Zubereitung:
Den Blumenkohl putzen, in Röschen teilen und waschen. In kochendem Salzwasser weichkochen und die Röschen aus dem Sud nehmen.

Mit Butter und Mehl eine helle Einbrenne, auch Mehlschwitze genannt, herstellen und mit dem Blumenkohlwasser (ca. 1 1/2 l) auffüllen und gut durchkochen. Mit dem Eigelb binden und dabei gut verschlagen. Zum Abschmecken die Gewürze und als Einlage die Blumenkohlröschen zugeben. Guten Appetit!

Pommersche Bohnensuppe

Zutaten:

400 g weiße Bohnen, 1 Bund Suppengrün, 1 EL gehackte Petersilie, 1 EL Kerbel, 1 Prise Majoran, Salz, Pfeffer, 400 g Hammelfleisch ohne Knochen, 50 g Fett

Zubereitung:

Die Hülsenfrüchte waschen und über Nacht in reichlich kaltem Wasser einweichen. Am nächsten Tag die Bohnen mit dem Suppengrün weichkochen und die Hälfte davon durch ein Sieb streichen – beiseite stellen. Das Fett in einem Topf erhitzen und das gewürfelte Hammelfleisch gut anbraten, mit dem Einweichwasser der Bohnen auffüllen und garkochen (Garzeit 1 1/2 Std.). Dabei die Gewürze wie Petersilie, Kerbel, Majoran, Salz und Pfeffer beigeben. Zum Schluß den »Bohnenbrei« und die ganzen Bohnen unterrühren, nochmals gut aufkochen und mit frischem Brot servieren.

Brennsuppe

Zutaten:

80 g Butter, 60 g Mehl, 1/5 l Rotwein, 1 EL Essig, 1 1/4 l Fleischbrühe, Salz, Pfeffer

Zubereitung:

Das Mehl in der zerlaufenen Butter langsam rösten, d.h. eine dunkle Mehlschwitze herstellen. Mit dem Rotwein ablöschen, gut durchrühren und dann mit der Brühe auffüllen. Mit Essig, Salz und Pfeffer gut abschmecken. Nach Belieben mit einem Ei oder Sahne binden.

Süße Buttermilchsuppe

Zutaten:

1 1/2 l Buttermilch, 400 g Schwarzbrot, 30 g Butter, 1 Prise Zimt, 5 g Anis, 40 g Korinthen, 80 g Zucker, 30 g Mehl, 2 Eigelb

Zubereitung:

Das Brot in kleine Würfel schneiden und mit etwas Wasser, Butter, Zimt und Anis unter mehrmaligem Umrühren zu einem Brei verkochen. Anschließend durch ein Sieb streichen. In der kalten Buttermilch das Mehl einrühren, verquirlen und aufkochen lassen. Den Brei zugeben und mit Zucker und Korinthen abschmecken. Mit dem Eigelb legieren und noch heiß auf den Tisch geben.

Dillsuppe

Zutaten:

1 l Sahne, 1/2 l Sauerrahm, 80 g Mehl, 30 g Butter, etwas Essig, 1 Prise Zucker, 2 EL frischen, gehackten Dill oder 1 EL feingehacktes Dillkraut, 1 Brötchen

Zubereitung:

Eine helle Mehlschwitze aus Butter und Mehl

herstellen. Mit der Sahne und dem Sauerrahm auffüllen.
Dill und Zucker beifügen und vorsichtig mit Essig abschmecken.
Diese Suppe wird über gerösteten Brötchenwürfeln angerichtet.
Zu Omas Zeiten wurde diese Suppe mit verquirlter saurer Milch gekocht.

Frühlingsragoutsuppe

Zutaten:

1 – 1 1/2 l Fleischbrühe, 50 g Butter, 50 g Mehl, 150 g frische Champignons in Scheiben geschnitten, 1 gehackte Zwiebel, 1 Bund gehacktes Suppengrün, 1/2 Kopf Blumenkohl, 100 g grüne Erbsen, 150 g gekochter Spargel, 100 g gekochtes Hühnerfleisch, Salz, Pfeffer

Zubereitung:

In einem größeren Topf die Butter zergehen lassen, die Zwiebel, die Champignonscheiben und das Suppengrün dazugeben und gut andünsten lassen.
Mit dem Mehl stauben und eine helle Einbrenne herstellen (das Mehl darf nicht rösten – es soll eine weiße Suppe werden). Mit Fleischbrühe auffüllen und die anderen Zutaten nach und nach zugeben – zuerst die Blumenkohlröschen (sind relativ schnell gar) und dann die vorgekochten Gemüse und das in Streifen geschnittene Hühnerfleisch.
Bei den Erbsen am besten Tiefkühlware nehmen. (Großmutter hatte es nicht so einfach!)
Mit Salz und Pfeffer abschmecken und servieren.

Graupensuppe

Zutaten:
100 g Graupen, 50 g Butter, 1 EL gehackte Petersilie, 1/4 l Milch, 1 1/2 l Brühe, 1 Eigelb, Salz, Pfeffer

Zubereitung:
Die Butter in einem größeren Topf zergehen lassen und die gewaschenen Graupen darin rösten. Mit der Milch ablöschen und weichkochen. Die Fleischbrühe hinzufügen und mit den Graupen verkochen (Kochzeit ca. 1 Stunde). Zum Schluß mit dem Eigelb binden (nicht mehr kochen) und beliebig mit Salz, Pfeffer und Petersilie abschmecken. Dieses Rezept ist heute durch die »Biokost« wieder enorm in Mode gekommen.

Altdeutscher Rindertopf

Zutaten:
1 kg Rinderbrust mit 2 Markknochen, 2 Knoblauchzehen, 2 Zwiebeln, 250 g gelbe Rüben, 2 Petersiliewurzeln, 1/2 Sellerie, 2 Stangen Lauch, 300 g Weißkraut, 2 Lorbeerblätter, 1 Prise Thymian, Salz, Pfefferkörner, 1 EL gehackte Petersilie

Zubereitung:
Die gewaschenen Markknochen mit 2 l kaltem Wasser aufsetzen; das Fleisch mit Knoblauch einreiben, salzen und in die kochende Brühe legen. Die geviertelten Zwiebeln, Lorbeerblätter, Thymian und Pfefferkörner zugeben und gut 1 Std. »köcheln«. In der Zwischenzeit das Gemüse vorbereiten. Gut waschen, putzen und in etwas größere Stücke schneiden. Den Lauch und Sellerie in 2 cm lange Stücke und das Weißkraut bandnudelartig schneiden. Die Karotten und Pe-

tersiliewurzeln schälen, der Länge nach vierteln und auch in 2 cm lange Stücke schneiden. Bis alles Gemüse vorbereitet ist, ist wahrscheinlich auch die erste Kochzeit vom Fleisch fast vorbei. Nun geben wir das Gemüse zu dem Fleisch und lassen es die restlichen 30 bis 40 Minuten leise kochen. Das Gemüse soll am Schluß nicht matschig sein, sondern noch einen Biß besitzen (al dente). Nach Beendigung der Kochzeit die Markknochen entfernen, den Eintopf bei Bedarf noch abschmecken, und das fertige Fleisch in Scheiben schneiden und zurück in den Topf geben. Mit Petersilie bestreut servieren.

Berliner Gänseklein

Unter einem Gänsejung oder Gänseklein versteht man die Innereien, Herz, Magen sowie Kopf, Hals, Flügel und die abgezogenen Gänsefüße.

Zutaten:

2 Gänseklein, 100 g Gänseschmalz, 80 g Mehl, 1 Bund Suppengrün feingehackt, 1/5 l Weißwein, etwas Zitronensaft, 2 Nelken, 4 Gewürzkörner, 4 Pfefferkörner, 2 Lorbeerblätter, 1/5 l Sahne, 1 EL Kapern

Zubereitung:

Das Gänseklein putzen, gut waschen. Zusammen mit dem feingeschnittenen Suppengrün in der Hälfte des Gänseschmalzes andünsten, dabei aber keine Farbe annehmen lassen. In einem anderen Topf aus dem restlichen Gänseschmalz und dem Mehl eine helle Einbrenne bereiten. Mit 1 l Wasser und Weißwein aufgießen und dabei die Gewürze zugeben. Nach kurzem Durchkochen das Gänseklein in die helle Suppe geben. Den Gänsetopf nun 1 1/2 Stunden leise köcheln lassen. Am Ende der Garzeit mit der Sahne verrühren und mit Kapern und Zitronensaft abschmecken. Dazu schmecken Kartoffelknödel oder Salzkartoffeln vorzüglich.

Grünkohlsuppe

Zutaten:
800 g Grünkohl, 100 g Lauch (Porree), 80 g Hafergrütze, 1 1/2 l Brühe, Salz, etwas Pfeffer, Muskat, 1 Msp. gestoßene Nelken, 1 Prise Zucker

Zubereitung:
Den Grünkohl und den Lauch verlesen, waschen und fein schneiden. Die Brühe zum Kochen bringen und das Gemüse hineingeben. Hafergrütze einstreuen, mit den Gewürzen gut abschmecken und die Suppe servieren, wenn das Gemüse schön weich ist. Als Einlage paßt gut gewürfeltes Rauchfleisch.

Gurkensuppe

Zutaten:
2 Gurken (Gemüsegurken), 100 g Butter, 50 g Mehl, 1 1/2 l Fleischbrühe, 1 EL gehackter Dill, 2 Scheiben Weißbrot, Salz, Muskat

Zubereitung:
Die Gurken waschen, schälen, halbieren und das Innere entfernen (am besten mit einem Löffel auskratzen). Die ausgehöhlten Gurkenhälften in kleine Stücke schneiden und in der Hälfte der Butter glasig dünsten. Mit Mehl stauben und mit

Fleischbrühe auffüllen. (Die Gurken sollten langsam weiterkochen.) Die Weißbrotscheiben in kleine Würfel schneiden und in der restlichen Butter golden rösten. Die Brotwürfel gleichmäßig auf vier Teller verteilen und mit der fertig abgeschmeckten Suppe anrichten.

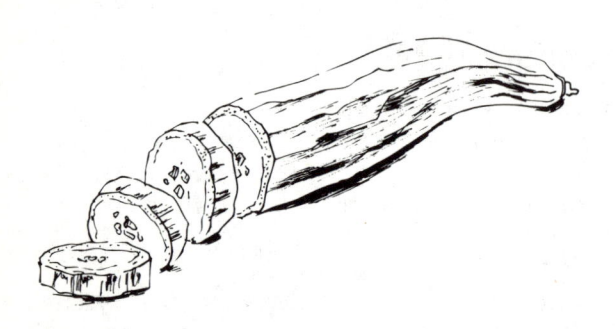

Hühnerbouillon

Zutaten:
1 Suppenhuhn mit Herz und Magen, 1 Bund Suppengemüse (Sellerie, Lauch, Karotten), 1 ungeschälte Zwiebel, Petersiliestengel, nach Belieben Liebstöckel, Salz

Zubereitung:
Das vorbereitete Huhn (gerupft, gewaschen) sowie Herz und sehr gut gesäuberten Magen im kalten Wasser ansetzen. Die Gemüse waschen, putzen, nochmals waschen, grob schneiden und ebenfalls in die Brühe geben. Die ungeschälte Zwiebel halbieren und auf einer Herdplatte an der Schnittfläche bräunen, um eine gute Farbe der Brühe zu erzielen. Mit den übrigen Zutaten gut würzen und bei mittlerer Hitze

2 – 2 1/2 Stunden »köcheln« lassen, bis sich das Fleisch von den Knochen löst. Das Huhn aus dem Sud nehmen, die Brühe seihen und falls sie sehr fett sein sollte, erkalten lassen, entfetten, dann erhitzen und abschmecken.
Nach Belieben mit feinwürfelig geschnittenem Hühnerfleisch servieren.
Diese Bouillon wird meist als Grundfond weiterverarbeitet, wie z.B. für feine gebundene Suppen oder helle Soßen.

Kalbskopfsuppe

Zutaten:
1/2 Kalbskopf, 1 Bund Suppengrün, 1 Zwiebel, 4 Pfefferkörner, 1 feingehackte Schalotte, 80 g Butter, 60 g Mehl

Zubereitung:
Den Kalbskopf gut putzen und mehrere Stunden wässern.
Dann in 3 l Wasser (der Kopf soll gut bedeckt sein) zusammen mit dem feingeschnittenen Suppengrün, der Zwiebel (halbiert) und den Pfefferkörnern aufsetzen. Die Garzeit beträgt knapp 1 1/2 Std., das Fleisch sollte sich leicht vom Knochen lösen. In der Butter die Schalotte glasig dünsten und mit dem Mehl eine helle Einbrenne herstellen.
Mit der fertiggekochten und passierten Kalbskopfbrühe auffüllen und 20 Minuten durchkochen lassen.
Das Fleisch vom Kalbskopf in kleine Würfel schneiden und als Einlage verwenden. Beliebig erweiterbar mit gerösteten Brotwürfeln.

Käsesuppe

Zutaten:
100 g geriebener Käse, 100 g geriebenes Weißbrot, 40 g Butter, 2 Eigelb, 1 1/2 l Fleischbrühe, Muskat, Salz

Zubereitung:
Das geriebene Weißbrot in Butter rösten und zusammen mit dem Käse in die heiße Brühe geben. Einige Male aufkochen und vor dem Abschmecken mit dem Eigelb binden. Dazu paßt ein Glas trockener Weißwein und frisches Brot.

Kürbissuppe

Zutaten:
500 g Kürbisstücke, 50 g Butter, 30 g Mehl, 1/2 Bund Suppengemüse, 2 – 3 Petersilienstiele, 1 EL Kümmel, 1 1/2 l Fleischbrühe

Zubereitung:
Eine helle Einbrenne herstellen und darin das kleingeschnittene Gemüse gut rösten. Mit der Fleischbrühe auffüllen und sogleich die Kürbisstücke und den Kümmel zugeben. Die Suppe eine knappe halbe Stunde kochen lassen. Vor dem Servieren die Suppe passieren, abschmecken und mit gerösteten Brotwürfeln reichen.

Kuttelflecksuppe

Zutaten:
300 g Kuttelflecke (Kaldaunen/Kuhmagen), 80 g Mehl, 60 g Butter, Salz, Pfeffer, 1 1/2 l Fleischbrühe

Zubereitung:
Die Kuttelflecke einen halben Tag mit öfter wechselndem Wasser wässern.
Anschließend herausnehmen und in Salzwasser weichkochen.
Sobald die Kutteln gekocht sind, werden diese in feine Streifen geschnitten. Aus Mehl und Butter eine helle Einbrenne herstellen und mit der Brühe aufgießen. Die Kutteln zugeben und mit Salz und Pfeffer abschmecken.
Eine nicht alltägliche Suppe für nicht alltägliche Gelegenheiten.

Lebersuppe

Zutaten:
200 g Geflügel- oder Rinderleber, 50 g fetter Speck, 30 g Fett, 40 g Mehl, 2 Schalotten, 1 1/4 l Fleischbrühe, 1/10 l Rahm, 1 Schuß Rotwein, Salz, Pfeffer, Majoran, 1 EL gehackte Petersilie

Zubereitung:
Die gewaschene Leber schaben, wiegen oder mixen und den fetten Speck kleinwürfelig schneiden.
In dem Fett die feingehackten Schalotten und den Speck glasig dünsten und mit Mehl stauben. Die Einbrenne darf eine mittlere Farbe haben; mit Rotwein ablöschen, nochmals kurz durchrösten und mit Brühe aufgießen.
Nun die vorbereitete Leber mit einem Schneebesen gut unterschlagen, aufkochen lassen und nach Belieben durch ein Sieb streichen.
Die Suppe mit Rahm verfeinern, abschmecken und mit Petersilie bestreut servieren.

Nockenwassersuppe oder Kloßwassersuppe

Diese Suppe ist wahrlich aus Omas Kochkiste – hergestellt aus Knödelwasser. Falls Sie also einen Braten mit Klößen kochen, können Sie ja diese Suppe vorweg servieren.

Zutaten:
1 1/2 l Knödelwasser, 1 EL gehackte Petersilie, 1 Ei, 40 g Mehl, 30 g Butter, 1 Prise Muskat, Salz

Zubereitung:
Das Knödelwasser zum Kochen bringen, das Ei mit dem Mehl in etwas kaltem Wasser verquirlen. In die kochende Brühe einrühren und aufkochen. Die Petersilie und Butter zugeben und mit einer Prise Muskat und evtl. Salz abschmecken. Mit gerösteten Brotwürfeln servieren.

Pichelsteiner Eintopf

Zutaten:
600 g mageres Rindfleisch, 50 g Rindermark, 2 große Zwiebeln, 300 g gemischtes Gemüse (bestehend aus Lauch, Karotten, Sellerie), 3 Petersiliewurzeln, 400 g Kartoffeln, 1/2 l Brühe, Salz, Pfeffer, Majoran, 2 EL gehackte Petersilie

Zubereitung:
Das Fleisch in gleichmäßige Würfel von etwa 2 cm und das vorbereitete, gewaschene Gemüse und die Kartoffeln in nicht zu dicke Scheiben oder kleine Würfel schneiden. In einem gut schließenden Topf, in heißem Fett, das Fleisch,

die feingeschnittenen Zwiebeln und das Mark leicht rösten. Die Hälfte des Fleisches herausnehmen, Gemüse, Kartoffeln und angeschmortes Fleisch lagenweise einschichten, schichtweise würzen und als oberste Lage mit den Kartoffeln abschließen. Mit heißer Brühe seitlich aufgießen und bei mäßiger Hitze im geschlossenen Topf 1 Std. kochen. Mit Petersilie bestreut servieren.

Katalonischer Eintopf

Zutaten:
400 g Schweinefleisch, 400 g gelbe oder rote Paprikaschoten, 400 g Tomaten, 600 g Kartoffeln, 1 Zwiebel, etwas Öl zum Andünsten, 5–10 Oliven, 1/2 l Brühe, Salz, Pfeffer

Zubereitung:
Das Fleisch in gleichmäßige Gulaschwürfel schneiden und den gewaschenen, geputzten Paprika in Streifen schneiden. Die Tomaten häuten – und zwar eingeritzt in heißes Wasser geben, kurz blanchieren und kalt abbrausen, die Haut läßt sich gut abziehen – anschließend vierteln. In heißem Öl das Fleisch anbraten, die eingeschnit-

tene Zwiebel zugeben, leicht durchrösten, Paprika und Tomaten beifügen. Nachdem alles gut angedünstet ist, mit der gut abgeschmeckten Brühe auffüllen und zuletzt die Kartoffelwürfel und die Oliven untermengen. Bei mäßiger Hitze gut 1 Std. garen und zuletzt noch abschmecken.

Rehfleischsuppe

Diese Suppe ist als Resteverwertung nach einem Wildgericht gedacht – Sie können aber auch jederzeit frisches, gebeiztes Rehfleisch verwenden.

Zutaten:
250 g gebratenes Rehfleisch, 80 g Butter, 30 g Mehl, 1 Zwiebel, 1 EL gehackte Petersilie, 1 1/2 l Brühe (am besten aus Wildknochen gekocht), 1/10 l Rotwein

Zubereitung:
Die Rehfleischreste wiegen oder in feine Streifen schneiden. In einem Topf die Butter zergehen lassen, die feingehackte Zwiebel glasig andünsten, die Petersilie zugeben, mit Mehl stäuben und mit Rotwein ablöschen. (Die Einbrenne soll eine mittlere bis dunkle Farbe haben.) Mit der Brühe auffüllen und eine halbe Stunde leise kochen lassen. Mit dem vorbereiteten Fleisch anrichten und gut abschmecken, evtl. noch mit einer Prise Zucker und etwas Zitrone.

Rosenkohlsuppe

Zutaten:
400 g Rosenkohl, 60 g Butter, 60 g Mehl, 1 EL gemischte Kräuter, 2 Schalotten, Salz, Muskat, 1 l Brühe, 1/8 l Sahne, 2 Eigelb

Zubereitung:
Den Rosenkohl waschen, verlesen und in Salzwasser kurz blanchieren – das Gemüse soll knackig bleiben, »al dente«. Von dem Sud eine Tasse voll behalten. Eine helle Einbrenne herstellen, wobei die feingehackten Schalotten mitdünsten. Mit dem Rosenkohlsud ablöschen und anschließend mit Brühe aufgießen. Mit Salz, gemischten Kräutern und Muskat abschmecken, mit den zwei Eidottern legieren, und mit der Sahne verfeinern. Die Rosenkohlröschen halbieren und als Einlage zugeben. (Man könnte auch einen Teil von dem Gemüse pürieren, so daß die Suppe sämiger wird.)

Rotweinsuppe

Zutaten:
1 1/2 l Rotwein, 140 g Zucker, 50 g Kartoffelmehl, 1 Stange Zimt, die Schale einer halben Zitrone, 5 Nelken

Zubereitung:
Die Gewürze und der Zucker werden mit 1/2 l Wasser aufgekocht. Das Kartoffelmehl mit etwas Wasser anrühren und in das kochende Zuckerwasser einrühren, klarkochen. Den Rotwein zuschütten und nicht mehr kochen, nur erhitzen. Mögliche Beilage: Zwieback oder Suppenmakronen.

Spargelsuppe

Zutaten:
250 g Spargel, 60 g Mehl, 60 g Butter, 1 Prise Zucker, etwas Zitronensaft, Salz, einen Hauch Muskat, 1 Eigelb, 4 EL süße Sahne

Zubereitung:
Den Spargel waschen, sorgfältig schälen und in gleichmäßige Stücke (2–3 cm) schneiden. In kochendem Salzwasser mit einer Prise Zucker und Zitronensaft weichkochen (Garzeit eine knappe halbe Stunde). Eine helle Einbrenne aus der Butter und dem Mehl herstellen, mit Spargelsud aufgießen und ca. 10 Minuten kochen lassen. Mit dem Eigelb legieren, mit Sahne verfeinern und abschmecken. Zusammen mit den Spargelstückchen servieren.

Gemüse & Salate

Eier in Senfsauce

Zutaten:
8 Eier, 40 g Butter, 40 g Mehl, 1/2 Zwiebel, 1/2 l Brühe, Salz, 5 EL scharfer Senf, 1 Prise Zucker, 1 Gewürzgurke, 1 TL Essig, 1 Schuß Weißwein, 2 EL Rahm

Zubereitung:
Die Eier 4 Minuten kochen, mit kaltem Wasser abschrecken und schälen. Halbiert auf einer Platte anrichten. Die feingehackte Zwiebel in der Butter glasig dünsten, mit Mehl stauben und mit der Brühe aufgießen. Gute 10 Minuten durchkochen, alle Geschmackszutaten zugeben und zum Schluß die in feine Streifen geschnittene Gewürzgurke untermengen. Die Eier mit der pikanten Sauce übergießen und mit Kartoffelpüree reichen.

Erbsenpudding

Zutaten:
1 kg geschälte gelbe Erbsen, 60 g Butter, 4 Eier, 1/10 l Sahne, Pfeffer, Salz

Zubereitung:
Die Erbsen gut weichkochen (1 1/2 Std.) und anschließend durchpassieren. Nun die Masse feinrühren, bis sie erkaltet ist. Die verquirlten Eier, die Sahne und die Gewürze untermischen. Dann in eine mit Butter ausgestrichene feuerfeste Form geben (mit Deckel) und im Wasserbad bei mittlerer Hitze kochen. Den fertigen Pudding stürzen und mit zerlassener Butter sofort servieren.

Erbsenpüree

Zutaten:
1 kg geschälte gelbe Erbsen, 2 gehackte Zwiebeln, 100 g Schweineschmalz, Majoran, 1 Bund Suppengemüse

Zubereitung:
Die Erbsen verlesen, waschen und über Nacht in kaltem Wasser einweichen. Im Einweichwasser mit dem kleingeschnittenen Gemüse 1 1/2 Std. weichkochen. Die garen Erbsen durch ein Sieb streichen oder mit dem Mixer pürieren. Mit dem gestoßenen Majoran und dem zerlassenen Schweineschmalz vermengen. Die Zwiebeln in etwas Schmalz leicht rösten und über das Erbsenpüree geben. Dieses Gemüse paßt gut zu gekochtem Fleisch.

Verlängerter Grünkohl

Zutaten:
800 g Grünkohl, 100 g Butter oder Schmalz, 1 Zwiebel, 1/4 l Brühe, 1/5 l saure Sahne, Salz, 200 g Brotwürfel, 30 g Zucker

Zubereitung:
Den Grünkohl waschen, die Blätter von den Rippen befreien und im kochenden Salzwasser offen kochen lassen. Aus dem Sud nehmen und hacken oder durch die Fleischmaschine drehen. Die Brotwürfel mit einem Teil des Fettes hell rösten und beiseite stellen. Nun die feingehackte Zwiebel mit dem Zucker bräunlich dünsten und den Grünkohl zugeben. Mit der Brühe aufgießen, gründlich durchkochen lassen und ab-

schmecken. Zum Schluß die Brotwürfel zum »Verlängern« untermischen und mit der sauren Sahne verfeinern.

Gefüllte Kartoffeln

Zutaten:

1 kg Karotten, 250 g Hackfleisch vom Kalb, 2 Eier, 1 TL gehackte Petersilie, Salz, Pfeffer, Muskat, Majoran, Thymian, 1 eingeweichtes altes Brötchen, 50 g Butter, 1/8 l Sahne, 1/4 l Brühe zum Garen

Zubereitung:

Die gewaschenen und geschälten Karotten (große verwenden) in Salzwasser fast weichkochen und abtropfen lassen. Mit einem spitzen Messer eine Seite der Karotten aushöhlen und diese Karottenschnipsel bei Bedarf noch etwas feiner hacken. Einen Teil der zerlassenen Butter mit dem Hackfleisch, den Eiern, den feingehackten Karotten, dem eingeweichten Brötchen und den Gewürzen mischen. Nun diese gut abgeschmeckte Farce in die ausgehöhlten Karotten füllen. Das Gemüse in eine ausgebutterte Form setzen und bei Mittelhitze in den Ofen schieben. Mit Brühe auffüllen und knappe 30 Minuten dünsten lassen.

Die Karotten auf Teller anrichten, die Sauce mit Sahne verfeinern, abschmecken und um das Gemüse träufeln. Mit Butterreis und der gehackten Petersilie als Garnitur servieren.

Kastanienpüree

Zutaten:
800 g Kastanien (Maronen), 1 l Fleischbrühe, 1/2 Kopf Sellerie, 125 g Butter, 3 EL Sahne, 1 EL Zucker, 1 Prise Muskat, Salz, Pfeffer

Zubereitung:
Die roh geschälten, gebrühten und abgezogenen Maronen mit dem grob geschnittenen Sellerie in der Fleischbrühe weichkochen. Anschließend durch ein Sieb streichen. Diese Masse mit den übrigen Zutaten mischen und über dem Feuer oder in einem Wasserbad glattrühren. Eine ideale Beilage zu Wildgerichten.

Klausenburger Kraut

Zutaten:
800 g Sauerkraut, 200 g Reis, 100 g Speckscheiben, 150 g geräucherter Schinken, 1/4 l saure Sahne, 125 g Butter oder Schweineschmalz, 1 TL Mehl, einige Pfefferkörner, 1 feingehackte Zwiebel

Zubereitung:
Das Sauerkraut zusammen mit der Zwiebel in dem Fett weichdünsten. Zugleich den Reis halbweich kochen, mit kaltem Wasser abschrecken und beiseite stellen. Mit ein paar Löffeln Krautwasser das Mehl glattrühren und zu dem Sauer-

kraut geben, nochmals durchkochen. Eine feuerfeste Form mit den Speckscheiben auslegen und darauf eine Lage Reis und wieder Kraut geben, dann feingewiegten Räucherschinken, eine Lage Reis und wieder Kraut, bis die Form mit dem Sauerkraut abschließt. Die Pfefferkörner darüberstreuen und mit der sauren Sahne übergießen. Bei mittlerer Hitze 30 Minuten in den Ofen schieben.

Gefüllter Krautkopf oder Kohlpudding

Zutaten:
1 Weißkohl, 400 g gemischtes Hackfleisch, 1 Ei, 2 alte, eingeweichte Brötchen, 1 feingehackte Zwiebel, Salz, Pfeffer, 2 EL Petersilie, etwas Thymian, Basilikum, 50 g Butter, Semmelbrösel

Zubereitung:
Den geputzten Krautkopf entblättern und in Salzwasser fast weichkochen. Währenddessen einen Fleischteig aus den oben genannten Zutaten herstellen. Eine Puddingform gut mit Butter ausstreichen und mit Semmelbröseln bestreuen. Die Krautblätter und den Fleischteig abwechselnd in die Form schichten. Die oberste Schicht sollte mit Kohlblättern abschließen. Mit Butter beträufeln und abdecken. Im Wasserbad 1 Std. garen.

Leipziger Allerlei

Anfang des 19. Jahrhunderts wurde Leipzig als führendes Zentrum des feinen Gemüseanbaus bekannt. Folgendes Gericht hat dort seinen Ursprung.

Zutaten:
1 kg Mischgemüse bestehend aus Spargel, Blumenkohl, Erbsen, Karotten und Kohlrabi, 100 g Morcheln, 100 g Butter, 50 g Mehl, Salz, Muskat, Pfeffer, 4 Krebse zum Garnieren

Zubereitung:
Die einzelnen Gemüse nach ihrer Art putzen, waschen und schneiden; den Spargel in 3 cm lange Stücke, Blumenkohl in Röschen, Kohlrabi in feine Scheiben, Karotten in Würfel und die Morcheln vierteln. Nun das gesamte Gemüse blanchieren, d.h. in kochendes Salzwasser geben und nach kurzem Aufkochen mit kaltem Wasser abschrecken. (Bei dieser Behandlung behält das Gemüse die kräftige Farbe und bleibt knackig.) Die Butter in einem Topf zerlassen, das Mehl darin hell anschwitzen und mit einem knappen 1/2 l der Gemüsebrühe aufgießen. Kurz durchkochen und die geviertelten Morcheln und das blanchierte Gemüse zugeben. Mit Salz, Pfeffer und Muskat abschmecken. Das Leipziger Allerlei in einer Porzellanschüssel hübsch anrichten und mit den Krebsen garnieren. Dieses Gemüse wird als Beilage zu Gerichten wie Putenbraten oder Kalbfleisch gereicht. Im Gegensatz zu heute (Tiefkühlware) wurde dieses Gericht in der Vergangenheit nur frisch zubereitet.

Sauerampferpüree

Zutaten:
800 g mit etwas Spinat vermischten Sauerampfer, 80 g Butter, 40 g Mehl, 1/10 l Fleischbrühe, 1/4 l saure Sahne, Salz und Pfeffer nach Belieben

Zubereitung:
Den Sauerampfer von groben Stielen befreien, gründlich waschen, fein wiegen oder durch den Fleischwolf geben. Eine helle Einbrenne aus Mehl und Butter herstellen, Sauerampfer zugeben, durchdünsten, mit Fleischbrühe auffüllen und abschmecken. Mit der sauren Sahne verfeinern und als Beilage zu gekochtem Fleisch servieren.

Steinpilzsalat

Zutaten:
500 g Steinpilze, 1 feingehackte Zwiebel, 3 EL Öl, etwas Essig, Salz, Pfeffer, 4 EL Rahm

Zubereitung:
Die Steinpilze putzen, waschen und feinblättrig schneiden. Die Zwiebel im Öl glasig dünsten, vorbereitete Pilze zugeben und im eigenen Saft dünsten, bis der Saft fast eingesogen ist. Diese Masse abschmecken, erkalten lassen und den Rahm gut unterrühren. Am besten im Kühlschrank 1/2 Std. durchziehen lassen und mit Petersilie bestreut servieren.

Wachsbohnensalat

Zutaten:
1 kg Wachsbohnen, 2 EL gehackte Petersilie, 1 Prise Zucker, Salz, Pfeffer, 1 feingehackte Zwiebel, Essig und Öl nach Belieben

Zubereitung:
Die Bohnen in Salzwasser weichkochen, abschütten und dabei 1 Tasse voll für die Marinade ver-

wenden. Den Gemüsesud mit obigen Zutaten vermischen und über die noch warmen Bohnen schütten. Öfter durchmischen und vor dem Servieren noch etwas durchziehen lassen. Bestens geeignet als Wintersalat.

Wirsinggemüse

Zutaten:
1 kg Wirsing (1 Kopf), 40 g Fett, 30 g Mehl, 1 Zwiebel, Salz, Muskat, ein paar Tropfen Zitrone, 1/5 l von dem Gemüsesud

Zubereitung:
Den Wirsingkopf putzen, vom Strunk befreien und die Blätter in Salzwasser weichkochen. Aus dem Sud nehmen, gut abtropfen lassen und fein hacken. Eine helle Einbrenne aus Mehl und Butter herstellen und die feingewiegte Zwiebel darin glasig dünsten.
Mit dem Wirsing auffüllen, mit Gemüsesud aufgießen, gut durchkochen und abschmecken. Die Garzeit beträgt 30 Minuten.

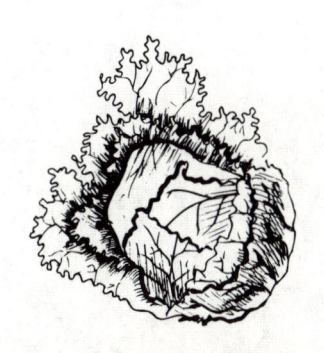

Gedünstetes Zwiebelgemüse

Zutaten:
800 g Zwiebeln, 100 g durchwachsener Speck, 2 EL Öl, 1/10 l Sauerrahm, 1/8 l Brühe, Paprika, Salz, etwas Kümmel

Zubereitung:
Die Zwiebeln schälen und in feine Scheiben schneiden. In einen größeren Topf das Öl und den gewürfelten Speck geben und kurz rösten. Die Zwiebeln beifügen, durchdünsten lassen und mit Brühe auffüllen. Bei mäßiger Hitze zugedeckt weichdünsten. Die Garzeit beträgt 1/2 Std. Zum Schluß abschmecken und mit dem Sauerrahm verfeinern. Paßt gut zu Hammelgerichten oder kurzgebratenem Fleisch.

Kartoffeln, Reis & Nudeln

Böhmische Knödel

Zutaten:
7 alte Brötchen, 4 Eier, 3 EL feingehackte Petersilie, knapp 1/3 l warme Milch, 250 g Mehl, 2 Zwiebeln, Salz, 100 g Butter

Zubereitung:
Die Brötchen in gleichmäßig kleine Würfel schneiden und mit einer gehackten Zwiebel und der Petersilie in heißer Butter leicht rösten. Den Kloßteig aus Mehl, Eiern, Salz und Milch herstellen. Die noch warmen Brotwürfel untermengen und daraus zwei schöne, große Knödel formen. In kochendes Salzwasser einlegen und halb zugedeckt gute 30 Minuten bei mittlerer Hitze kochen lassen. Die garen Klöße gut abtropfen lassen und auf einer Platte mit gerösteten Zwiebelringen anrichten. Böhmische Knödel werden mit über Kreuz gelegtem, starkem Zwirn in dicke Scheiben zerteilt oder mit Gabeln in gleiche Teile zerrissen.

Kartoffelbiskuit

Zutaten:
800 – 1000 g Kartoffeln, 4 getrennte Eier, Salz, 1 Prise Muskat, Paprika, 100 g geriebener Käse, 100 g Semmelbrösel, Fett für die Form, 50 g Butter

Zubereitung:
Die frisch gedämpften Kartoffeln heiß pressen und abkühlen lassen. Aus der Butter, dem Eigelb und den Gewürzen eine Schaummasse herstellen. Die abgekühlte Kartoffelmasse und den Kä-

se untermengen – gut durchschlagen. Einen steifen Eischnee schlagen und unterheben. In eine gebutterte Auflaufform füllen und bei 240 Grad 30 - 40 Minuten in den Ofen schieben. Vor Ende der Garzeit die Oberfläche der Masse mit einem Eigelb bestreichen und Semmelbrösel darüberstreuen. Kurz überkrusten und servieren. Dieser Biskuit kann als eigenständiges Gericht mit Salat und einer pikanten Soße serviert werden.

Kartoffeltorte

Zutaten:
10 große, mehlige Kartoffeln (ca. 1 kg), 5 Eigelb, 5 Eiweiß, 250 g Zucker, 1 abgeriebene Zitronenschale, 50 g Butter

Zubereitung:
Die Kartoffeln in Salzwasser weichkochen, heiß durchpressen und abkühlen lassen. Das Eigelb, den Zucker und die abgeriebene Zitronenschale schaumig schlagen. Mit dem »Kartoffelbrei« mischen, gut durchschlagen und zuletzt den Eischnee unterheben. In eine bemehlte Kuchenform füllen und im Ofen bei 220 Grad backen. Nach knappen 30 Minuten aus der Röhre nehmen und evtl. mit einer Zuckerglasur überziehen. Die Butter kann während des Backvorgangs in kleinen Flöckchen auf die Oberfläche der Masse gegeben werden.

Makkaronimuscheln

Zutaten:
300 g Makkaroni, 150 g Butter, 40 g Mehl, 1/4 l Milch, 50 g zerlassene Butter, 100 g geriebener

Parmesankäse, 150 g gekochter Schinken, Salz, Pfeffer, etwas Muskat

Zubereitung: Die Makkaroni in Salzwasser weichkochen, mit kaltem Wasser abschrecken und kleinschneiden. Den Schinken in kleine Würfel oder Streifen schneiden und beiseite legen. 100 g Butter in einem Topf zergehen lassen, Mehl dazugeben, kurz anschwitzen (ohne Farbe zu bekommen) und mit der Milch auffüllen. Dabei mit einem Schneebesen gut am Topfboden rühren, damit die Sauce nicht ansetzt oder anbrennt. Die Béchamelsauce soll von sämiger Konsistenz sein. Kleine Auflaufformen oder Muschelformen mit Butter ausstreichen und darin die Nudeln und Schinkenwürfel gleichmäßig verteilen. Die weiße Sauce mit den Gewürzen gut abschmecken und die Förmchen ausgießen. Mit Parmesan bestreuen und mit der zerlassenen Butter beträufeln. Bei mittlerer Hitze in den Ofen schieben und 15 Minuten backen lassen. Dieses Rezept ist beliebig variabel als Restegericht.

Nudelauflauf

Zutaten:
300 g Mehl, 2 Eier, 3–4 EL Wasser, Salz, 1/2 l Sahne, 50 g Zucker, 1/2 Stange Vanille, 5 Eigelb, 5 Eiweiß, 60 g Butter

Zubereitung:
Das Mehl auf ein Brett sieben, Salz, Eier und Wasser zugeben und daraus einen mittelfesten Nudelteig herstellen. Den Teig ausrollen und nach Beleiben feine oder breite Nudeln ausschneiden (etwas antrocknen lassen). Diese Faden- oder Bandnudeln in Sahne, Zucker und Va-

nille einkochen. Nachdem die Nudeln ausgekühlt sind, Butter und Eigelb schaumig rühren und mit den Nudeln vermischen. Den steifen Eischnee unterheben und in eine ausgebutterte Backform füllen. Bei 210 Grad im Ofen backen lassen; Backzeit 45 Minuten. Bei diesem Rezept können auch fertige Nudeln verwendet werden.

Nudelpudding

Zutaten:
300 g Bandnudeln, 80 g Butter, 80 g Zucker, 4 Eier getrennt, 50 g Semmelbrösel, 100 g Rosinen, 50 g Mandelstifte, etwas abgeriebene Zitronenschale, etwas Vanille, für die Form 30 g Butter und 2 EL Semmelbrösel

Zubereitung:
Die Nudeln in Salzwasser garkochen, mit kaltem Wasser abschrecken und abtropfen lassen. Aus

Butter, Zucker und Eigelb eine Schaummasse herstellen und mit den Nudeln vermischen. Mit den Gewürzen gut abschmecken, Semmelbrösel einstreuen, Rosinen und Mandeln zugeben und den steifen Eischnee unterheben.
In eine ausgebutterte Form (mit Semmelbröseln ausgestreut) füllen und bei 220 Grad eine knappe Stunde backen lassen.

Parmesannockerln

Zutaten:
100 g Butter, 100 g Mehl, 2/5 l Milch, 2 Eigelb, 2 ganze Eier, 100 g geriebener Parmesankäse, Salz, Muskat

Zubereitung:
Zuerst eine Béchamelsauce bereiten; die Butter heiß werden lassen, Mehl unterrühren – keine Farbe nehmen lassen – und mit Milch aufgießen. Die dicke Sauce anschließend erkalten lassen. Mit Gewürzen abschmecken und mit den Eiern sowie dem Eigelb und dem Käse mischen. Mit einem Löffel Nockerln ausstechen und im Salzwasser garkochen.
Paßt hervorragend zu gekochtem Fleisch.

Ragoutknödel

Zutaten:
70 g Krebsbutter, 5 Eigelb, 1 Brötchen, 100 g gekochte grüne Erbsen, 100 g gekochte Spargelköpfe, 1/2 gekochtes und feingeschnittenes Kalbsbries, 200 g Garnelen, Mehl nach Bedarf, etwas Milch

Zubereitung:
Das Brötchen schälen und in Milch tauchen. Diese in die schaumig gerührte Krebsbutter geben, und nach und nach die anderen Zutaten untermengen. Nun soviel Mehl zugeben, daß sich kleine Knödel formen lassen. In Fleischbrühe bei milder Hitze 5 bis 10 Minuten garziehen lassen.

Reisschöberl

Zutaten:
1 Zwiebel, 125 g Reis, 100 g Champignons, 50 g Mehl, 30 g Butter, 4 Eier getrennt, Fett für die Backform

Zubereitung:
Den Reis mit der feingehackten Zwiebel gardünsten. Die Champignons gut waschen, feinblättrig schneiden und in etwas Butter anschwenken. Die vier Eigelb mit der Butter schaumig rühren. Den Reis, das Mehl und die Champignons hinzufügen. Zum Schluß noch den Eischnee unterheben. Die Masse auf ein Backblech 1 – 2 cm dick aufstreichen und bei 200 - 220 Grad 30 Minuten backen. Als Suppeneinlage verwenden.

Schmarrenteigwürfel

Zutaten:
3 Eier, 2/5 l Milch, 100 g Mehl, Salz, 50 g Butter

Zubereitung:
Aus den oben genannten Zutaten einen dickflüssigen Teig (Schmarrenteig) herstellen. Eine hitzefeste Form mit Butter ausstreichen und die zähflüssige Masse einfüllen. In ein Wasserbad stellen

und eine Stunde kochen lassen. Nach dem Ende der Garzeit die Masse stürzen, in gleichmäßige Würfel schneiden. In heißer Brühe anrichten.

Serviettenklöße

Zutaten:
8 alte Brötchen, 3/8 l Milch, 40 g Fett, 1 feingehackte Zwiebel, 1 EL gehackte Petersilie, 80 g Butter, 5 Eier getrennt, Salz, Mehl nach Bedarf, 2 Scheiben geröstete Weißbrotwürfel

Zubereitung:
Zuerst die Brötchen kleinschneiden und mit lauwarmer Milch übergießen – am besten etwas ziehen lassen. Die Zwiebel und die Petersilie in dem Fett glasig dünsten und zu den Brötchen geben. Aus Butter, Salz und Eigelb eine Schaummasse herstellen und in diese die Brötchenmasse untermengen. Zum Schluß den steifgeschlagenen Eischnee unterziehen. Die lockere Masse zu einem großen Kloß formen und in ein großes Tuch einbinden. (Der Kloß soll noch Platz zum »Aufgehen« haben.) Den eingebundenen Serviettenkloß in Salzwasser hängen (einen hohen Topf verwenden) und mit einem Kochlöffel über dem Topfrand halten. Zugedeckt 40 bis 60 Minuten leise kochen lassen. Serviettenklöße können auch als Hauptgericht, z.B. mit Kräutersauce und Salaten, gereicht werden. Als Beilage schmeckt dieser Kloß hervorragend zu Wildgerichten.

Saucen

Anchovissauce

Zutaten:
40 g Butter, 60 g Mehl, 1/2 l Brühe, Saft von einer Zitrone und 2 TL Anchovispaste

Zubereitung:
Von Mehl und Butter eine helle Mehlschwitze bereiten und mit Brühe ablöschen. Mit Zitronensaft und Anchovispaste würzen und gut durchrühren. Wenn Sie Anchovisbutter herstellen möchten, nehmen Sie 100 g frische Butter, rühren diese schaumig und fügen die Anchovispaste und den Zitronensaft dazu.

Braune Austernsauce

Zutaten:
20 Austern, 1/4 l Weißwein, 125 g Butter, 1/8 l Sahne, 1/8 l Brühe, 1 gehackte Schalotte, 60 g Mehl, Saft einer Zitrone, 1 EL Rotwein, Salz und Cayennepfeffer

Zubereitung:
Die Austern öffnen, die Bärte abschneiden und diese mit dem enthaltenen Austernwasser einige Minuten in dem Weißwein kochen. In Butter die Schalotte glasig dünsten, mit Mehl stauben und braun schwitzen lassen. Mit Rotwein ablöschen und mit Brühe und dem Weißwein (Austernwasser) auffüllen. Alles gut verkochen lassen und während dieses Vorgangs würzen. Am Ende der Garzeit die Sauce passieren und dann mit Zitrone und Sahne verfeinern.
Mit den 20 Stück Austern noch kurz erhitzen und servieren.

Béarnaisesauce

Zutaten:
1/10 l Weißwein, 2 TL Estragonessig, 5 Pfefferkörner, 1 Lorbeerblatt, 2 Schalotten, 50 g gehackter Kerbel, 50 g gehackter Estragon, Salz, Saft von einer halben Zitrone, 100 g Butter, 3 Eigelb

Zubereitung:
Wein, Essig, die kleingeschnittenen Schalotten, die zerdrückten Pfefferkörner, das Lorbeerblatt und die feingehackten Kräuter zum Kochen bringen. Nach guten 10 Minuten die Reduktion abseihen und erkalten lassen. Die Eigelb mit dem Sud verrühren und in einem Wasserbad mit einem Schneebesen schaumig schlagen. Dabei die Masse gut von allen Seiten abschlagen, da sonst Rühreier entstehen könnten. Wenn die Sauce eine dickliche Beschaffenheit erhält, aus dem Wasserbad nehmen und löffelweise die geklärte Butter unterrühren, abschmecken. Die Sauce soll luftig leicht sein und muß sofort serviert werden. Paßt gut zu gegrilltem Fleisch oder Fisch.

Béchamelsauce

Zutaten:
60 g Butter, 50 g Mehl, 100 g roher magerer Schinken, 1/4 l Bouillon, 1/2 l Milch, Salz, Pfeffer, Muskat

Zubereitung:

In der zerlassenen Butter die kleingeschnittenen Schinkenwürfel andünsten, mit Mehl stäuben und lichtgelb rösten. Mit der Brühe ablöschen und mit Milch aufgießen. Bei schwacher Hitze gute 10 Minuten »köcheln« lassen. (Öfter umrühren, da die Sauce leicht ansetzt.) Gut abschmecken und nach Belieben geriebenen Käse zugeben. Eignet sich zum Überbacken von Gemüsen, Fisch- und Fleischgerichten, wird aber auch für Lasagne und Kartoffelgerichte (Béchamelkartoffeln) verwendet.

Grüne kalte Buttersauce

Zutaten:

100 g Butter, 2 EL Öl, 1 EL Essig, 4 Schalotten, 1 EL Petersilie, 1 EL Estragon, 1 TL Kapern, 3 entgrätete Sardellen, 2 hartgekochte Eigelb, Salz, Pfeffer

Zubereitung:

Die Schalotten, Kapern, Sardellen, die Eigelb und die Kräuter fein hacken oder wiegen. Die warme Butter mit Öl und Essig geschmeidig rühren und mit den anderen Zutaten vermengen. Anschließend die Butter kaltstellen. Diese »Sauce« paßt gut zu kaltem Fisch oder Fleisch.

Warme Bohnensauce

Zutaten:

200 g weiße Bohnen, 1 zerdrückte Knoblauchzehe, 30 g Butter, 30 g Mehl, 1/4 l Brühe, 1 EL Essig, Salz, Pfeffer nach Belieben, etwas Sahne

Zubereitung:
Die Bohnen in wenig Wasser weichkochen und durch ein Sieb passieren. Dann eine Mehlschwitze herstellen, den Bohnenbrei zugeben und mit Brühe auffüllen. Ca. 20 Minuten köcheln lassen, dabei das Rühren nicht vergessen und abschmecken. Probieren Sie diese Sauce mal zu gekochtem Räucherspeck oder geräucherten Würsten.

Champignonbutter

Zutaten:
250 g frische Butter, 150 g weiße Champignons, 1 Schalotte, Salz, etwas Zitronensaft, 20 g Butter zum Dünsten

Zubereitung:
Die gehackte Schalotte in der Butter mit den gewaschenen, ganzen Champignons andünsten und mit Zitronensaft beträufeln. Erst vom Ofen nehmen, wenn die Pilze in ihrem eigenen Saft geschmort haben. Anschließend klein hacken, mit der Butter mischen, abschmecken und geschmeidig rühren. Gut 1 Std. kaltstellen und dann mit frischem Baguette reichen.

Ein Tip noch:
Champignons mit Mehl bestäuben und mit etwas Wasser gegeneinander reiben, danach abbrausen. So bekommen Sie gut gewaschene weiße Pilze.

Cumberlandsauce

Zutaten:
Saft und Schale von 1 Orange und Zitrone, 2 EL englischer Senf, 1 Prise Cayennepfeffer, 1/8 l Rotwein, 100 g Johannisbeergelee

Zubereitung:
Die ungespritzte Zitrone und Orange waschen, schälen und die Schale in feinste Streifen schneiden. (Profiköche machen dies mit einem sogenannten »Ziselierer«. Man zieht mit diesem Gerät die Schale in Streifen von der Frucht.) Den Rotwein mit den Zitrusstreifen aufkochen lassen und abkühlen. Den Orangen- und Zitronensaft mit Senf und den Gewürzen vermischen. Johannisbeergelee und den Rotwein zugeben und darauf achten, daß die Sauce dickflüssig oder sämig wird – kaltstellen. Paßt gut zu Wild, Roastbeef oder Schinken.

Fenchelsauce

Zutaten:
125 g Butter, 50 g Mehl, 1 EL gehackte Fenchelblätter, Salz, Pfeffer nach Geschmack

Zubereitung:
Aus Butter und Mehl eine helle Mehlschwitze herstellen und diese mit soviel Wasser aufgießen, daß eine dünne Suppe entsteht. Die Fenchelblätter hinzufügen und eine knappe halbe Stunde kochen lassen. Mit den Gewürzen abschmecken.

Essigkrensauce

Zutaten:
5 EL frisch geriebenen Meerrettich (Kren), 1 Tasse heiße Bouillon, 2 EL Essig, Salz

Zubereitung:
Den geriebenen Kren mit der heißen Bouillon überbrühen. Abkühlen und mit Essig und Salz abschmecken. Nach Belieben mit Öl, Paprika und Schnittlauch würzen.

Garnelensauce

Zutaten:
250 g Krabben (frisch oder aus der Dose), 1 kleine Zwiebel oder Schalotte, 1/4 l Brühe, 50 g Butter, 30 g Mehl, 2 EL gehackter Dill, Salz, Pfeffer, Zitronensaft, Muskat nach Geschmack, 1/5 l Rahm

Zubereitung:
Die feingehackte Zwiebel in Butter glasig dünsten, Mehl zugeben, hellschwitzen und unter ständigem Rühren die Brühe zugeben. Bei mittlerer Hitze gute 10 Minuten kochen lassen. Die Krabben hinzufügen, abschmecken und noch etwas erhitzen. Am Schluß mit dem Rahm verfeinern und den Dill unterschlagen. Paßt zu Fischgerichten, z.B. Scholle mit Garnelensauce.

Gelbe-Rüben-Sauce

Zutaten:
100 g Karotten, 60 g Butter, 30 g Zucker, 30 g Mehl, knapp 1/3 l Brühe, Salz, 1/8 l Sahne, viel Petersilie

Zubereitung:
Die Butter in einem Topf erhitzen, den Zucker hinzufügen und etwas glasieren lassen. Mit Mehl stäuben und die geriebenen oder geraffelten Gelben Rüben hinzufügen. Kurz andünsten und mit Brühe auffüllen. Die Garzeit beträgt 20 Minuten. Mit Salz und Sahne abschmecken und mit gehackter Petersilie zu Suppenfleisch servieren.

Kümmelsauce

Zutaten:
40 g Butter, 40 g Mehl, 1 kleine Zwiebel, 1 EL Kümmel gewiegt, Salz, 1 Schuß Essig, Brühe zum Auffüllen

Zubereitung:
Den gewiegten Kümmel in der Butter leicht rösten, Zwiebelscheiben zugeben, mit Mehl bestäuben und eine dunkle Einbrenne herstellen. Mit ca. 3/8 l Brühe auffüllen und eine Viertelstunde leise kochen lassen. Die Sauce durch ein Sieb streichen und abschmecken. Paßt gut zu Hammelbraten.

Mandelkrensauce

Zutaten:
100 g geriebener Meerrettich (Kren), 50 g geschälte, grobgestoßene Mandeln, 40 g Butter, 40 g Mehl, 3/8 l Milch, 1 Prise Zucker, Salz

Zubereitung:
Eine helle Mehlschwitze aus Butter und Mehl herstellen. Mit der Milch auffüllen und knappe

10 Minuten köcheln lassen. Kurz vor dem Anrichten abschmecken und die Mandeln und den Kren zugeben.

Muschelsauce

Zutaten:
20 Muscheln (frisch oder aus der Dose), 4 gehackte Schalotten, 50 g gehackte Champignons, 1 EL gehackte Petersilie, 80 g Butter, 40 g Mehl, 1/4 l Brühe, Salz, 1 Glas Weißwein (trocken)

Zubereitung:
Die frischen Muscheln unter fließendem Wasser sorgfältig putzen und dabei offene Schalen gleich wegwerfen (nur geschlossene verwenden!). In reichlich Wasser solange kochen, bis sich alle geöffnet haben. Die Muscheln aus der Schale lösen, beiseite stellen und 2 Tassen von dem Muschelsud aufheben. In der heißen Butter die Schalotten und die Champignons glasig dünsten und mit Mehl hell rösten. Mit dem Glas Weißwein ablöschen, die Brühe und das Muschelwasser zugießen. Am Ende der Garzeit (1/2 Std.) die Muscheln hinzufügen und abschmecken.
Man reicht die Sauce zu Fisch, Kalbfleisch oder gebratenem Geflügel.

Rosinensauce

Zutaten:
50 g Butter, 40 g Mehl, 1/2 l kräftige Brühe, Saft von einer halben Zitrone, 1 Glas Weißwein, 60 g Rosinen, 40 g Korinthen, 30 g Zucker, Salz

Zubereitung:

In der heißen Butter den Zucker glasieren und mit Mehl dunkel rösten. Mit dem Glas Weißwein ablöschen und mit Brühe auffüllen. Rosinen, Korinthen und Zitronensaft hinzufügen. Am Ende der Garzeit nochmals abschmecken und nach Bedarf mit etwas Crème fraîche verfeinern. Die Sauce kann noch mit Mandeln verfeinert werden. Sie wird zu Fleischspeisen serviert.

Sardellensauce

Zutaten:

60 g Butter, 50 g Mehl, 60 g Sardellen oder Sardellenpaste oder 100 g Sardellenbutter, 1 gewiegte Zwiebel, 1 EL gehackte Petersilie, 1 Prise Zucker, etwas Zitronensaft, 1/10 l saure Sahne, 4 EL Weißwein, 1 Eigelb, 1/2 l Brühe

Zubereitung:

Eine helle Einbrenne aus Butter und Mehl herstellen und darin die Petersilie und die Zwiebel glasig dünsten. Mit Weißwein ablöschen und mit Brühe auffüllen. Bei schwacher Hitze 5–10 Minuten leise kochen lassen. Die Sardellen waschen, putzen, fein wiegen oder hacken und zur fertigen Sauce geben. Mit den übrigen Geschmackszutaten abschmecken und nach Belieben mit dem Eigelb legieren. Wird gerne zu Eiergerichten oder Fischspeisen gereicht.

Selleriesauce

Zutaten:

1 Knolle Sellerie, 70 g Butter, 60 g Mehl, 1/2 l Brühe, Salz, etwas Zitronensaft, 1 Prise weißer Pfeffer, Sahne zum Verfeinern

Zubereitung:

In Butter den vorbereiteten kleingewürfelten Sellerie durchdünsten, Mehl zugeben und mit Brühe auffüllen. Gut würzen und eine halbe Stunde garen lassen. Am Schluß die Sauce durch ein Sieb passieren und mit Sahne verfeinern. Bei Bedarf kann die Sauce mit einem Eigelb noch legiert werden.
Diese Sauce ist sehr beliebt zu gedämpftem oder gebratenem Truthahn.

Senfsauce

Zutaten:

30 g Fett, 30 g Mehl, 1 kleingeschnittene Zwiebel, 1/2 l Flüssigkeit (Brühe oder Wasser), 2 EL Senf, nach Geschmack 1 kleingehackte Gewürzgurke

Zubereitung:

Eine helle Mehlschwitze bereiten, in der die Zwiebel dünstet. Mit der Flüssigkeit aufgießen und 10 Minuten leise kochen lassen. Geschmackszutaten zugeben (eventuell die Gewürzgurke), pikant abschmecken und nach Belieben mit Rahm verfeinern.
Zu gekochtem Fisch oder zu hartgekochten Eiern reichen.

Kalte Schnittlauchsauce

Zutaten:

100 g feingeschnittener oder gewiegter Schnittlauch, 6 hartgekochte Eigelb, 1/2 abgeschältes Brötchen, 1 rohes Eigelb, 1 EL Essig, 3 EL Öl, 10 g Zucker, Salz

Zubereitung:

Das Brötchen in Wasser einweichen und fest ausdrücken. Zusammen mit den hartgekochten Eigelb im Mixer fein pürieren. Die restlichen Zutaten zugeben.

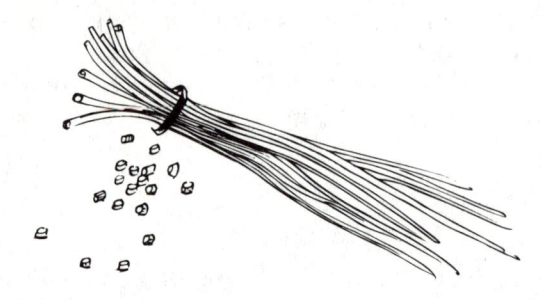

Fleischspeisen & Innereien

Bouletten

Zutaten:
400 g gemischtes Hackfleisch, 2 alte Brötchen, 2 Eier, 1 Zwiebel, 2 EL Petersilie, Salz, Pfeffer, Muskat, Basilikum, 50 g Fett zum Braten

Zubereitung:
Das Hackfleisch mit den eingeweichten, ausgedrückten Brötchen, Eiern und den Würzmitteln gut vermischen.
Die fertige Fleischmasse in Portionen gleichmäßig einteilen und mit nassen Händen ovale oder runde Fleischküchlein formen. In heißem Fett bei guter Hitze anbraten und dann langsam auf beiden Seiten garbraten. Die Bratzeit beträgt 10–15 Minuten. Als Beilagen empfehlen sich Kartoffelbrei, Kartoffelsalat und gemischte Salate.
Großmutter bereitete den Fleischteig etwas anders zu: Die Brötchen werden in Milch eingeweicht und dann in zerlassener Butter auf dem Ofen zu einem steifen Brei abgerührt. Diese Masse wird dann mit dem Fleisch gemischt, wobei es zur Hälfte aus gekochtem und zur Hälfte aus rohem gehackten Rind- oder Schweinefleisch besteht.
Die fertigen länglichen Klößchen, die man noch etwas platt drücken kann, werden in Semmelbröseln gewendet und anschließend in Butter gebraten.

Noch ein Tip:
Damit die Bouletten beim schnellen Braten nicht aufreißen, gibt man am besten 3 EL kaltes Wasser zu der Masse.

Frankfurter Bratwürste

Zutaten:
750 g gehacktes Schweinefleisch, 250 g gehackter roher Speck, Salpeter, je 1 Löffel Salz, Pfeffer, Muskat und Koriander, 1 Glas Rotwein

Zubereitung:
Speck und Fleisch mit den Gewürzen und ein wenig Salpeter vermischen. Mit dem Glas Rotwein noch anfeuchten und in dünne Schweinsdärme füllen. Die fingerdicken Würste werden entweder frisch oder leicht geräuchert gebraten. Sind die Würste geräuchert, kann man sie auch ohne Braten in kochendes Wasser legen.

Fleischtascherln oder Specknudeln

Zutaten:
500 g Schweinefleisch, 1 Karotte, 1 Zwiebel, 1 TL gehackte Petersilie, 1 TL gehackter Schnittlauch, 3 Eier, 400 g Mehl, 20 g Butter, Salz, Pfeffer, etwas Paniermehl

Zubereitung:
Das Schweinefleisch mit der Zwiebel und der Karotte in Salzwasser weichkochen und in feine Streifen schneiden. Mit Salz, Pfeffer, Petersilie, Schnittlauch, 1 Ei und etwas Paniermehl vermengen. Während das Fleisch kocht, kann man den

Nudelteig herstellen. Aus Mehl, Butter, 2 Eiern, etwas Salz und ca. 1/10 l Wasser einen halbfesten Teig bereiten. Nach einer kurzen Ruhezeit den Teig ausrollen und vier Blätter davon ausschneiden. Auf jedes Blatt eine Portion von der Fleischmasse geben und den freibleibenden Teil vom Teig darüberschlagen. Mit einem Ausstecher (Krapfenausstecher) größere Taschen ausstechen. In siedendem Salzwasser 8–10 Minuten kochen. Die Fleischtascherln mit gerösteten Speckwürfeln und Semmelbröseln servieren.

Gulasch aus Hammelfleisch oder Schöpfenragout

Zutaten:
800 g Hammelfleisch, 3 große Zwiebeln, 300 g Kartoffeln, 60 g Butter, 30 g Mehl, 1/5 l saure Sahne, Salz, Pfeffer, Kümmel, etwas abgeriebene Zitronenschale, Majoran, Paprika, 1/2 l Brühe

Zubereitung:
Das Fleisch waschen, in 2 cm große Würfel schneiden und die Zwiebeln in Scheiben. In heißem Fett das ungesalzene Fleisch rasch von allen Seiten anbraten und die Zwiebeln zugeben. Das Ganze gut durchdünsten und dabei schon würzen. (Die Zwiebeln sollen beim Gulasch sehr gut verkochen, da sie das Gulasch binden.) Mit Mehl stäuben und zugedeckt mit der aufgefüllten Brühe durchdünsten. Die Garzeit beträgt 1 1/2 Std. Nach 1 Std. können die in gulaschgleiche Würfel geschnittenen Kartoffeln zugegeben werden. Das Ragout wird am Schluß mit der sauren Sahne verfeinert, nochmals abgeschmeckt und in einer tiefen Schüssel serviert.

Gaisburger Marsch

Zutaten:
500 g Rindfleisch, 500 g Kartoffeln, 500 g Spätzle, 3 Zwiebeln, 1 1/2 l Brühe, Salz, Muskat, 3 Nelken, 1 Lorbeerblatt, 50 g Butter, 1 Bund Schnittlauch

Zubereitung:
In kochendem Salzwasser das Rindfleisch zusammen mit der mit Nelken gespickten Zwiebel und dem Lorbeerblatt 2 Stunden garkochen. Das gargekochte Fleisch und die Zwiebel aus der Brühe nehmen. Das Rindfleisch und die Kartoffeln in mundgroße Würfel schneiden. Nun die Kartoffeln in der Fleischbrühe garkochen, würzen und kurz bevor die Garzeit zu Ende ist, die Fleischwürfel und die Spätzle zugeben. Die Zwiebeln in Scheiben schneiden, in Butter goldgelb dünsten und über das fertige Gericht geben. Mit Schnittlauch bestreut servieren.

Hammelbrust mit Semmelleberfüllung

Zutaten:
1 kg Hammelbrust, 150 g durchgedrehte Hammelleber, 3 alte Brötchen, 3 Eier, 1/8 l Milch, je 50 g gehackte Zwiebel und Petersilie, Salz, 1 Prise Muskat, 80 g Fett, Wurzelwerk, 1 Zwiebel, 1/2 l Brühe, Knochen

Zubereitung:
Die vorbereitete, gewaschene und von Knochen befreite Brust innen und außen salzen. (Das Fleisch am besten vom Metzger vorbereiten las-

sen.) Die Brötchen in kleine Würfel schneiden, Eier, Milch, Salz und Muskat verkleppern und über die Brötchenwürfel schütten, durchziehen lassen. In etwas Butter die Zwiebel und Petersilie glasig dünsten und zusammen mit der durchgedrehten Leber zu der Brötchenmasse geben. Mit dieser gut abgeschmeckten Masse die Hammelbrust füllen und zunähen. Das Fleisch in einen mit Fett ausgestrichenen Bräter legen, rasch von allen Seiten anbraten, das kleingeschnittene Wurzelwerk und die Knochen zugeben. Garzeit bei 200 Grad knappe 2 Std. Öfter mit der Brühe begießen und bei halber Garzeit wenden. Den fertigen Braten aus dem Ofen nehmen und zugedeckt 10 Minuten ruhen lassen, damit sich Fleisch und Fülle besser schneiden lassen. Inzwischen die Sauce passieren, abschmecken und bei Bedarf mit Sauerrahm verfeinern. Von der gefüllten Hammelbrust den Faden oder Zwirn entfernen und schöne Scheiben von ca. 1 cm Dicke schneiden. Als Beilagen empfehlen sich Gemüse aller Art und Kartoffeln.

Hammelnieren

Zutaten:
12 Hammelnieren, 100 g Butter, 30 g Mehl, 100 g geschnittene Champignons, 3 kleingehackte Schalotten, 1 EL gehackte Petersilie, 1 Glas Madeira, etwas Zitronensaft, Pfeffer, Salz

Zubereitung:
Die vorbereiteten Nieren (Häute und Stränge entfernen) sehr gut waschen, in kleine Scheibchen schneiden und in kochendem Wasser kurz sieden. In einem Sieb abtropfen lassen. Die Scha-

lotten in einem Teil der Butter glasig dünsten, die Champignons und die Petersilie zugeben und weiterdünsten, bis der Saft der Pilze eingesogen ist. Nun die Nierenscheibchen untermengen, anrösten und mit Mehl stäuben. Mit dem Glas Madeira ablöschen, abschmecken und das Ganze bei schwacher Hitze ziehen lassen. Kurz vor dem Servieren die restliche frische Butter unterziehen. Passende Beilagen sind Kartoffelbrei, Reis, Salzkartoffeln oder Salat.

Himmel und Hölle

Der Name, mag er auch noch so ehrfürchtig klingen, kommt von der Zusammensetzung der Zutaten her. Die Äpfel sollen den Himmel symbolisieren, weil sie über dem Erdreich wachsen, und die Kartoffeln die Hölle, weil sie unter der Erde wachsen.

Zutaten:
800 g Kartoffeln, 800 g Äpfel, 3 EL Zucker, Schale einer ungespritzten Zitrone, 150 g durchwachsener Speck, 2 Zwiebeln, Salz, Pfeffer, 150 g Blutwurst in Scheiben

Zubereitung:
Die geschälten und gewaschenen Kartoffeln in Salzwasser weichkochen und noch heiß zerstampfen. Die vorbereiteten Äpfel schälen, entkernen und mit der Zitronenschale und dem Zucker zu Mus kochen. Den Kartoffelbrei mit dem Apfelmus vermischen und mit Salz und Pfeffer abschmecken. Speck würfeln, die Zwiebeln in Scheiben schneiden und beides in wenig Fett bräunen. Die fertigen Speckzwiebeln über den Kartoffel-Apfelbrei geben und mit Blutwurst-

scheiben ausgarnieren. Dazu kann man wie in Westfalen »Möpkenbrot« servieren. Dieses Gericht ist auch unter dem Namen »Himmel und Erde« bekannt.

Kalbsfrikassee

Zutaten:

800 – 1000 g Kalbsbrust (kann auch vom Bug oder Hals sein), 50 g Fett, 10 Stangen Spargel, 10 Blumenkohlröschen, 1 Zwiebel, Wurzelwerk, 1/2 l Brühe, 30 g Butter, 30 g Mehl, Salz, Pfeffer, Liebstöckel, Basilikum, 3 Scheiben Zitrone, 1 Prise Zucker, 1 Glas Weißwein, 1/10 l Sahne, 1 Eigelb

Zubereitung:

Das gewaschene Kalbfleisch in heißem Fett von allen Seiten anbraten, salzen, das beigefügte Wurzelwerk mitdünsten, und die kochende Brühe seitlich eingießen. Restliche Geschmackszutaten, wie geviertelte Zwiebel, etwas Liebstöckel, Basilikum und Zitronenscheiben zugeben. Die Garzeit beträgt 3/4–1 Std. bei mäßiger Hitze. Während dieser Zeit das Gemüse schon vorbereiten. Die Blumenkohlröschen blanchieren (in kochendem Wasser kurz aufkochen) und den Spargel (wahrscheinlich aus der Dose) in 2 cm lange Stücke schneiden. Das fertig gegarte Fleisch aus dem Sud nehmen und in kleine, feine Streifen schneiden.

Eine helle bis mittelfarbene Einbrenne aus Butter und Mehl herstellen und diese mit Weißwein ablöschen, reduzieren und mit dem abgeseihten Kalbfleischsud aufgießen. 5–10 Minuten kochen lassen, abschmecken und mit dem Rahm und dem Eigelb noch verfeinern. Kurz vor dem Servieren das Gemüse und das Fleisch in der Sauce durchziehen lassen.

Kalte Kalbsleberpastete
(für 10 Personen)

Zutaten:
1 1/2 kg Kalbsleber, 80 g fetter Speck, 2 feingehackte Zwiebeln, 1 Glas Weißwein, 3 feingehackte Sardellen, 1 EL gehackte Kapern, 1/10 l saure Sahne, 2 EL Mehl, 1/4 l Brühe, etwas Speisenwürze

Zubereitung:
Den fetten Speck in einem großen, heißen Topf auslassen und darin die feingehackten Zwiebeln andünsten. Die Leber feinblättrig schneiden und zusammen mit den Sardellen und Kapern zu den glasig gedünsteten Zwiebeln geben. Mit Mehl stäuben, mit Weißwein ablöschen und mit der Brühe auffüllen. Die Lebermasse gut einkochen lassen und die saure Sahne zum Schluß dazugeben, abschmecken. Nach einer Garzeit von ca. 30 Minuten die dicklich eingekochte Masse vom Feuer nehmen und durch ein Sieb passieren oder durch den Fleischwolf drehen. Die Pastete wird auf einer runden Schüssel bergartig angerichtet und mit schönen, großen Kapern und gehacktem Aspik garniert.

Kalbsnierenkroketten

Zutaten:

500 g gebratene Kalbsniere, 5 gehackte Sardellen, 50 g frische Champignons, 3 Eigelb, 40 g Butter, 40 g Mehl, 1/2 l Bouillon, 250 g Fett zum Ausbacken, Salz, Pfeffer, Muskat, 2 Eier und Semmelbrösel zum Panieren, Zitronenviertel und gehackte Petersilie zum Garnieren

Zubereitung:

Die Kalbsniere in kleine Würfel und die Champignons in feine Scheiben schneiden. Aus Mehl und Butter eine helle Mehlschwitze bereiten und mit Bouillon auffüllen. Unter ständigem Rühren die Sauce 30 Minuten kochen lassen. Nach der Garzeit diese vom Feuer nehmen, etwas abkühlen lassen und mit der Kalbsniere, den Champignons und den gehackten Sardellen mischen. Gut abschmecken, mit den Eigelb binden und kaltstellen, bis sich die Masse verfestigt hat. Aus dem erstarrten Ragout längliche »Würstchen« sprich Kroketten formen und diese zuerst in Ei und dann in Paniermehl (Semmelbrösel) wenden. Fett gut erhitzen und die Kalbsnierenkroketten darin ausbacken. Anschließend auf Küchenkrepp entfetten und mit Zitronenvierteln und gehackter Petersilie anrichten.

Königsberger Klopse

Zutaten:

300 g Schweinefleisch und 200 g Rindfleisch als Hackfleisch, 1/2 EL Sardellenpaste oder 4 entgrätete feingewiegte Sardellen, 1 eingeweichtes Brötchen, 1 EL Kapern, 2 Eier, 2 Zwiebeln, Salz, Pfeffer, Majoran, 1 Lorbeerblatt

Für die Soße: 40 g Fett, 40 g Mehl, 3/4 l Brühe,
1/10 l Rahm, 1 Eigelb, etwas Zitronensaft, 2 EL
Kapern, 1 TL Zucker

Zubereitung:
Das gemischte Hackfleisch zusammen mit den
gehackten Zwiebeln, den Sardellen, dem ausgedrückten Brötchen, den Eiern und den Kapern
vermengen. Mit Salz, Pfeffer und Majoran sehr
gut abschmecken. Aus dem Fleischteig Klopse
von ca. 3–4 cm Durchmesser formen und in kochendes Salzwasser legen unter Beigabe des Lorbeerblattes. Die kleinen Klöße 20 Minuten ziehen lassen. Eine helle Mehlschwitze aus Butter
und Mehl bereiten, mit Brühe auffüllen und
durchkochen, bis die Sauce sämig ist. Zucker, Zitronensaft, Kapern, und wenn nötig Salz hinzufügen. Mit Rahm verfeinern, mit Eigelb legieren,
und die Klopse in der Sauce nochmals erhitzen.
Zu diesem Rezept paßt Reis, Salzkartoffeln oder
gemischte Salate.

Bremer Labskaus

Zutaten:
50 g Butter, 2 kleinwürfelig geschnittene Zwiebeln, 500 g Corned beef, 1000 g Kartoffeln, Salz,
2 Lorbeerblätter, 4 Salzgurken (Gewürzgurken),
etwas Essig und Zucker, Pfeffer, 4 Rollmöpse
oder Bismarckheringe

Zubereitung:
Die geschälten Kartoffeln in Salzwasser garkochen und durch die Kartoffelpresse drücken. Die
Zwiebeln glasig dünsten, das zerkleinerte Corned beef hineingeben und anbräunen lassen.

Mit den Gewürzen abschmecken, Gurkenwürfel und den Kartoffelbrei untermengen. Das Gericht portionsweise mit Rollmöpsen oder Bismarckheringen anrichten. Labskaus hat seinen Ursprung im hohen Norden und ist von Bremen bis Hamburg beliebig variabel: entweder mit Rote-Beete-Salat, Matjesstreifen oder Spiegeleiern.

Lungenkrapfen
(für 10 Personen)

Zutaten:

1 Kalbslunge, 60 g fetter Speck, 1 große Zwiebel, 2 EL gehackte Petersilie, 1 EL Paniermehl, 100 g Butter, etwas Zitronensaft, 2 Eier, Salz, Pfeffer
Für den Nudelteig: 200 g Mehl, 2 Eier, Salz, etwas Wasser

Zubereitung:

Zuerst den Teig aus oben genannten Zutaten herstellen und bei Bedarf noch 1 EL Öl hinzufügen. Zugedeckt beiseite stellen und ruhen lassen. Kalbslunge, Zwiebel und Speck sehr fein wiegen und zusammen mit dem Paniermehl in Butter rösten. Mit Salz, Pfeffer und Zitronensaft abschmecken und anschließend auskühlen lassen. Die Lungenmasse mit einem ganzen Ei und einem Eigelb binden. Den Nudelteig ausrollen und die Hälfte vom Teig (mit genügend Abstand) mit kleinen Lungenmushäufchen besetzen. Die andere Teighälfte darüberklappen und mit einem Ausstecher oder einer Tasse Formen von 3–4 cm Durchmesser ausstechen. Die Nahtstellen mit Eiweiß bestreichen und zusammendrücken. Die Lungenkrapfen in Salzwasser 10–15 Minuten garkochen. In Rindersuppe angerichtet servieren.

Pfefferpotthast

Zutaten:
800 – 1000 g Rindfleisch (Hohe Rippe), 2 Zwiebeln, 3 Lorbeerblätter, 6 Nelken, 1 TL Pfefferkörner, 1 Prise Salz, 40 g Butter, 40 g Mehl, Saft von 1/2 Zitrone, 1 EL Kapern

Zubereitung:
In siedendes Salzwasser die Hohe Rippe einlegen und mit den Gewürzen 2 Stunden kochen lassen. Das fertig gegarte Fleisch von den Knochen lösen und in 2 cm kleine Würfel schneiden. Aus Butter und Mehl eine helle Mehlschwitze bereiten und diese mit einem 1/2 l von dem abgeseihten Sud aufgießen. Gut durchrühren und 10 Minuten köcheln. Die Sauce abschmecken, die Kapern und das kleingewürfelte Fleisch hinzufügen und in einer Suppenschüssel servieren.

Rindsrouladen oder Rindsvögerl

Zutaten:
4 dünne Scheiben Rindfleisch vom Schlegel oder Lende, 100 g geräucherter Speck, 2 Zwiebeln, 3 EL gehackte Petersilie, etwas Majoran, Salz, Pfeffer, 50 g Fett zum Dünsten, Wurzelwerk, 1 EL Mehl, 1/10 l Rahm

Zubereitung:
Die dünnen Fleischscheiben salzen und pfeffern, nach Belieben dünn mit Senf bestreichen. Den geräucherten Speck und die Zwiebeln fein hacken und zusammen mit der Petersilie dünsten. Diese Fülle auf die Fleischtranchen streichen, aufrollen und mit einem Hölzchen zusammenstecken oder mit einem Bindfaden umwickeln. Die Rouladen in heißem Fett von allen

Seiten anbraten, kleingeschnittenes Wurzelwerk mitrösten und mit 1/2 l Brühe oder Wasser seitlich aufgießen. Im geschlossenen Topf bei mäßiger Hitze knappe 2 Std. schmoren. Die gegarten Rouladen aus der Sauce nehmen, die Hölzchen entfernen und auf Tellern anrichten. Die Sauce passieren, eine Tasse voll davon abnehmen und damit das Mehl glattrühren und in den Topf zurückschütten. Nochmals aufkochen lassen, abschmecken und mit Sahne verfeinern.

Schinkenpastete

Zutaten:

1/4 l saure Sahne, 5 EL Mehl, 60 g Butter, 3 Eigelb, 3 Eiweiß, 50–80 g geriebener Parmesankäse, 200 g feingewiegter gekochter Schinken, Salz und nach Belieben Muskat

Zubereitung:

In der heißen Butter das Mehl hell anschwitzen, mit Sahne aufgießen und unter ständigem Umrühren die Sauce einkochen lassen. Sobald die Masse von dicklicher Beschaffenheit ist, diese vom Ofen nehmen und auskühlen lassen. Anschließend den Schinken, den Käse und Salz untermengen. Das steifgeschlagene Eiweiß unterheben und das Ganze in eine feuerfeste, mit Butter ausgestrichene Form füllen und 1 Std. bei mittlerer Hitze backen. Entweder gestürzt oder in der Form servieren. Frisches Brot und Salate passen am besten dazu.

Fische

Aal in Bier

Zutaten:
1 kg frischer Aal, 2 kleine Zwiebeln, 2 Lorbeerblätter, Pfefferkörner, 50 g Butter, 1/2 l Bier, 30 g Kartoffelmehl, Salz, 30 g Zucker, Petersilie und Zitronenviertel zum Garnieren

Zubereitung:
Den Aal schon vom Fischhändler herrichten lassen, d.h. den Fisch abziehen und ausnehmen. Sollten Sie den Aal selber abziehen, so müssen Sie den Fisch mit reichlich Salz gründlich einreiben, damit aller Schleim entfernt wird und Sie beim Hautabziehen nicht abrutschen. Anschließend den Aal in gleichmäßige Stücke schneiden und in eine Kasserolle setzen. Mit Salz, Pfefferkörnern, Lorbeerblättern und Zwiebeln vermengen und Bier zugießen, bis der Fisch bedeckt ist. Bei mittlerer Hitze den Aal weichkochen (ca. 20 Minuten), die Butter einrühren und kurz vor dem Anrichten das Kartoffelmehl mit der Sauce verquirlen, sowie den Zucker. Den gegarten Aal mit Petersilie und den Zitronenvierteln anrichten und mit Kartoffeln oder Semmelklößen servieren.

Aal in Salbei geröstet

Zutaten:
1 kg Aal, Zitronensaft, Salz, Pfeffer, 50 g Mehl, 50 g Paniermehl, 2 Bündchen Salbei, 200 g Butter oder Fett

Zubereitung:
Den frischen Aal ausnehmen, abziehen, gut abwaschen und in kleine Stücke schneiden. Mit Zitronensaft, Salz und Pfeffer marinieren und zu-

erst in Mehl und dann in dem Paniermehl wälzen. Jedes Stück auf ein Holzspießchen zusammen mit einigen Salbeiblättern stecken. Butter oder Fett in einer Bratpfanne heiß werden lassen, die Fischspießchen hineinlegen und unter häufigem Begießen rösten. Den Aal mit reichlich Petersilie, Zitrone und als Beilagen grüne Erbsen oder Rotkraut servieren.

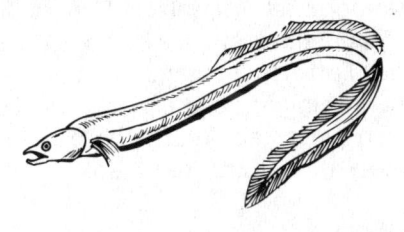

Überbackener Dorsch

Zutaten:

1 kg Dorsch, 200 g Butter, 2 kleingehackte Zwiebeln, 2/5 l Sahne, 100 g geriebenes Weißbrot, 300 g gekochte Kartoffeln in Scheiben, Salz, Pfeffer

Zubereitung:

Den vorbereiteten Fisch in Salzwasser garkochen, erkalten lassen und von den Gräten befreien. Eine ausgebutterte Auflaufform am Boden mit einer Schicht frischgekochter Kartoffeln belegen, mit Salz und Pfeffer würzen und mit den Zwiebelwürfeln bestreuen. Als nächste Einlage kommt der Dorsch in Stückchen geschnitten darauf, mit geriebenem Weißbrot abschließen. Die Butter soll in Flöckchen immer wieder zwischen den Schichten eingelegt werden. Im Ofen bei Mittelhitze 1/2 Std. backen.

Gebackene Flundern

Zutaten:
1 kg Flunder, 2 Eier, Semmelbrösel, Mehl, Salz, Fett zum Backen, Zitronensaft

Zubereitung:
Den Fisch vorbereiten nach der bewährten Methode: säubern, säuern, salzen. Dann in Mehl, Eiern und Semmelbröseln der Reihe nach wenden. In reichlich Fett schwimmend ausbacken und mit Zitronenvierteln garniert servieren. Als Beilagen eignen sich Kartoffelsalat, frischer Salat und als Sauce Kapern- oder Zitronensauce.

Fischgulasch

Zutaten:
800 g Fischfilets, am besten Seefischfilets, Zitronensaft, Salz, 50 g Butter, 2 kleine Zwiebeln, 1/4 l Brühe, 1/10 l Weißwein, 2 EL Mehl, 1/10 l Rahm

Zubereitung:
Die Fischfilets säubern, mit Zitronensaft säuern und salzen. Dann in mundgerechte, gleichmäßige Würfel schneiden. Die Zwiebeln kleinhacken und in der zerlassenen, heißen Butter hellrösten. Die Fischstücke zugeben, andünsten, mit Weißwein ablöschen und mit Brühe auffüllen (am besten wäre Fischfond). Bei mäßiger Hitze leise garziehen lassen. Kurz vor Ende der Garzeit das Mehl mit der Sahne glattrühren und die Sauce damit binden. Bei Bedarf mit Salz, Pfeffer, etwas Muskat und Zitrone noch nachwürzen. Die Gesamtgarzeit beträgt 20 Minuten. Als Beilagen sind Kartoffelbrei, Reis, Salzkartoffeln oder frische Salate zu empfehlen.

Fischauflauf vom Schellfisch

Zutaten:
1 kg gekochter Schellfisch, 2 Brötchen, 1/2 Tasse Milch, 100 g geräucherter Speck, Salz, 50 g Sardellen, 50 g geriebener Käse, 2 Eier, 1/2 Tasse saurer Rahm, 1 TL Kapern, 1 kleine, feingehackte Zwiebel, 1 EL Parmesankäse, 100 g Butter

Zubereitung:
Den gekochten Schellfisch häuten, entgräten, nochmals säubern und in kleine Stücke schneiden. Den Speck fein wiegen, die Sardellen entgräten und auch fein schneiden. Die Brötchen in der Milch einweichen, ausdrücken und klein verzupfen. Nachdem alle Zutaten vorbereitet sind, diese mit zwei Eigelb und den Fischstückchen vermengen. Zuletzt das steifgeschlagene Eiweiß unterziehen und die Fischmasse in eine ausgebutterte Auflaufform füllen. Mit Parmesan bestreuen und den Rest Butter in Flöckchen über den Auflauf geben. Im Ofen bei Mittelhitze 30–40 Minuten backen lassen. Am besten mit Rahmkartoffeln servieren.

Fischspeise vom Kabeljau

Zutaten:
1 kg frischgekochter Kabeljau, 50 g Butter, 60 g Mehl, 1 Tasse Milch, 1 Tasse Fischsud, 1 EL Salz, Pfeffer, 3 Eier, etwas Zitronensaft, eine Prise Muskat, Semmelbrösel und Butter für die Form

Zubereitung:
Den frischgekochten Kabeljau häuten, entgräten und in Würfel oder feine Scheiben schneiden. Die Butter heiß werden lassen, mit Mehl stäuben,

hell rösten, mit Milch ablöschen und mit dem Fischsud aufgießen. Das Fischfleisch untermengen, mit den Gewürzen gut abschmecken und vom Ofen nehmen. Die abgekühlte Masse mit dem Eigelb abrühren, und zuletzt den geschlagenen Eischnee unterziehen. Diese Fischmasse in die vorbereitete Form geben (zuerst mit Butter ausstreichen und dann Semmelbrösel einstreuen) und eine halbe Stunde bei mittlerer Hitze im Backofen ziehen lassen. Für dieses Fischgericht können auch andere Fische verwendet werden.

Fischpflanzerl

Zutaten:
800 g Seefischfilets oder Fischreste, 2 alte Brötchen, 2 Eier, Salz, Pfeffer, etwas Zitronensaft, 1 EL mittelscharfer Senf, 1 Zwiebel, zum Panieren Mehl, 1 Ei und Semmelbrösel, zum Ausbacken, 50–80 g Fett, zum Garnieren 4 Zitronenviertel und gehackte Petersilie

Zubereitung:
Die Fischfilets oder -reste gut waschen, abtropfen lassen und zusammen mit den eingeweichten, ausgedrückten Brötchen durch den Fleischwolf drehen. In etwas Butter die feingeschnittene Zwiebel andünsten und mit den restlichen Zutaten mischen und abschmecken. Runde oder längliche Pflanzerl formen, in Mehl wenden, durch das verkleppterte Ei ziehen und in den Semmelbröseln panieren. In heißem, schwimmendem Fett ausbacken, langsam und zwar von jeder Seite acht Minuten. Kartoffelbrei und gemischte Salate schmecken dazu am besten.

Fischrouladen

Zutaten:
500 g gekochte oder gebratene Fischfleischreste,
1 Schalotte, 1 EL gehackte Petersilie, 20 g Butter,
Salz, Pfeffer, Muskat, Zitronensaft, 2 Eier
Für den Teig: 250 g Mehl, Salz, 3 Eier, 1/2 l Milch
und 100 g Fett zum Backen

Zubereitung:
Mehl in eine Schüssel sieben und salzen. Milch und Eier von der Mitte aus in eine geformte Mehlgrube nach und nach einrühren. Der Teig soll dicklich vom Löffel laufen. Eine andere Variante wäre auch empfehlenswert, und zwar, die Eier zu trennen und einen Eischnee unterzuheben. Jedoch ist diese Möglichkeit mehr für die Kaiserschmarrnherstellung.
Fett in einer Pfanne erhitzen und jeweils eine dünne Teiglage hineingeben, goldgelb ausbacken und zum Auskühlen auf eine Platte legen. Die entgräteten, feingehackten Fischreste zusammen mit Eiern, Petersilie, der in Butter geschwitzten, feingehackten Schalotte und den Gewürzen gut verrühren. Die abgeschmeckte Fischmasse auf die dünn gebackenen Eierkuchen streichen und zusammenrollen. Die fertigen Rollen in 3–4 cm Stücke schneiden und durch die verquirlten Eier ziehen – in Semmelbröseln wenden, gut abklopfen.
In schwimmendem Fett ausbacken und mit verschiedenen Gemüsen servieren. Zu Omas Zeiten wurde grüner Kohl, Schwarzwurzeln oder Rahmspinat dazu serviert. Selbstverständlich kann dieses Gericht auch mit frischem Fisch gemacht werden, z.B. mit Scholle.

Hecht in Béchamelsauce

Zutaten:
40 g Butter, 40 g Mehl, 100 g magerer gekochter Schinken, 3/8 l Brühe, 1/4 l Milch, Salz, 1 kg Hecht, Zitronensaft, 50 g Butter, 2 Eigelb, 60 g geriebener Parmesankäse, Pfeffer, Muskat

Zubereitung:
Das Mehl in zerlassener Butter hellgelb rösten, feingewürfelten Schinken beifügen, kurz andünsten, mit 2/8 l Brühe ablöschen, mit Milch aufgießen und mit Salz, Pfeffer, Muskat würzen. Bei schwacher Hitze und mehrmaligem Umrühren knappe 10 Minuten kochen. Den Fisch sauber zurechtmachen, von Haut und Gräten lösen und in 1–2 cm dicke Scheiben schneiden. Salzen, mit Zitronensaft säuern und in zerlassener Butter anbraten. Mit der restlichen Brühe (1/8 l) auffüllen und gardämpfen. Die fertiggegarten Fischstücke in einer Auflaufform anrichten. Den Fischfond mit der Béchamelsauce vermischen, kurz einkochen und mit den zwei Eigelb binden (legieren). Die fertige Sauce über den Fisch gießen, mit Käse bestreuen und anschließend im heißen Ofen kurz überbacken.

Pikant angemachte Heringe

Zutaten:
10 Heringsfilets, 1/8 l saure Sahne, 1/8 l süße Sahne, 4 kleine Zwiebeln, 4 Äpfel, 1 Joghurt natur, etwas Zitronensaft, Salz, Pfeffer, Muskat, 300 g Crevetten

Zubereitung:
Die Zwiebeln und Äpfel schälen und beides in

feine Scheiben schneiden. Das Fischfilet gut säubern, abtrocknen und mit den anderen Zutaten gut vermischen und abschmecken. Als Beilagen Salzkartoffeln oder frisches Brot.

Karpfen in Bier

Zutaten:
1 kg Karpfen, Zitronensaft, Salz, Wurzelwerk, 1 Zwiebel, 2 Lorbeerblätter, 8 Pfefferkörner, einige Wacholderbeeren, 1 Prise Zucker, 2 Scheiben Zitrone
Für die Sauce: 40 g Fett, 40 g Mehl, 1 TL Zucker, 1/5 l Bier

Zubereitung:
Den Karpfen vorbereiten, säubern, in Zitrone säuern und salzen. In Portionsstücke schneiden und dabei den Kopf nur für den Sud verwenden. Die Fischstücke in den kochenden Sud geben (alle Zutaten sind kleingeschnitten in dem Wasser) und 1/4 Std. ziehen lassen. Während dieser Zeit eine Zuckereinbrenne herstellen; Butter in einem Topf zergehen lassen, darin den Zucker zerschmelzen und mit Mehl stäuben. Diese dunkle Einbrenne mit ca. 1/5 l Fischsud ablöschen, mit Bier aufgießen und etwa 10 Minuten köcheln. Den Karpfen aus dem Sud nehmen, in die Biersauce einlegen, noch 5 Minuten ziehen lassen und nochmal abschmecken. Mit gekochten Knödeln oder Kartoffeln servieren.

Klöße von Fischresten

Zutaten:
500 g Fischreste, 1/4 l Sahne, Salz, Pfeffer, Paprika, 50 g Butter, 40 g feingehackte Zwiebeln, 1 Ei, 40 g Paniermehl, etwas Zitronensaft

Zubereitung:
Das Fischfleisch (gekocht oder roh) sehr fein wiegen und mit der schaumig gerührten Butter verrühren. Die übrigen Zutaten untermischen und gut abschmecken. Falls der Knödelteig noch etwas naß ist, die Menge des Paniermehls erhöhen. Kleine Klöße formen und in Salzwasser oder Brühe garkochen. Mit frischem Brot reichen. Dieses Rezept ist eines von vielen Restegerichten aus Großmutters Zeit.

Krebsauflauf

Zutaten:
15 Krebse, 1/2 l Sahne, 6 Eier getrennt, 120 g gekochter Reis, Salz, Muskat, Zitronensaft, 50 g Krebsbutter

Zubereitung:
Die Krebse in Salzwasser garkochen und aus dem Wasser nehmen. Das Fleisch aus den Schalen nehmen und gleichmäßige Scheiben davon schneiden. Die Schalen zerstoßen oder zerbrechen und in der Sahne auskochen, durchseihen und die Sauce kaltstellen. Die ausgekühlte Krebssauce mit Eigelb abrühren, würzen und das Fleisch und den Reis untermengen. Zuletzt das steifgeschlagene Eiweiß unterziehen. Eine feuerfeste Form mit Krebsbutter ausstreichen und die Fischmasse einfüllen. Bei guter Hitze im Ofen ei-

ne 3/4 Std. backen lassen. Sofort servieren, am besten mit frischen Salaten.

Gebackene Muscheln

Zutaten:
2 kg frische Muscheln mit Schale, 2 Zwiebeln, Salz
Für den Teig: 200 g Mehl, 1 Prise Salz, 1/4 l Weißwein, 2 Eier getrennt, 2 TL Öl, Fett zum Backen

Zubereitung:
Die sauber geputzten Muscheln in Salzwasser zusammen mit den in Streifen geschnittenen Zwiebeln kochen, bis sich alle Schalen geöffnet haben (geschlossene gleich wegwerfen). Die Muscheln von den Schalen befreien und beiseite stellen. Gesiebtes Mehl mit Salz mischen und mit dem Weißwein zu einem dickflüssigen Teig rühren. Eigelb und Öl unterrühren und zuletzt das steifgeschlagene Eiweiß unterheben. Das Fett erhitzen, die Muscheln durch den Backteig ziehen und in dem Fett einige Minuten ausbacken. Mit einer Remouladensauce servieren.

Großmutters Bemerkung:
Wenn die Zwiebeln beim Kochen schwarz werden, so sind die Muscheln schlecht und müssen gleich weggeworfen werden.

Zander nach badischer Art

Zutaten:
800 g Zanderfilet, 1/2 l Sauerrahm, Zitronensaft, Salz, 150 g Butter, 2 Schalotten, 50 g gehackte Petersilie, 100 g geriebenes Weißbrot, 100 g geriebener Parmesankäse

Zubereitung:
Die vorbereiteten, gewaschenen Fischfilets in vier gleich schwere Stücke schneiden. Dann mit der Zitrone säuern und salzen. Die Schalotten fein hacken und damit eine feuerfeste, ausgebutterte Form bestreuen. Die vier Portionen Fisch einlegen und die Petersilie darüber streuen. Mit Sahne übergießen, mit Käse und Weißbrot bestreuen und den Rest Butter in Flöckchen auflegen. Bei guter Mittelhitze im Ofen 15 Minuten garen. Salzkartoffeln eignen sich dazu am besten. Dieses Regionalgericht kann auch etwas abgewandelt werden. In Omas Kochbüchern wurde statt normaler Butter Krebsbutter oder Sardellenbutter verwandt. Dazu gab es Sauerkraut, grüne Erbsen oder Karottengemüse.

Wild & Geflügel

Curry von Kaninchenfleisch

Zutaten:

800 – 1000 g Kaninchenfleisch, 1 Zwiebel, 100 g Butter, 50 g Mehl, 1/2 l Brühe, Salz, Pfeffer, 1 TL Currypulver

Zubereitung:

Das vorbereitete Fleisch (am besten im Fachgeschäft kaufen) in 3–4 cm große Würfel schneiden. In der Hälfte der Butter, gewürzt mit Pfeffer und Salz, anbraten und das gare Fleisch beiseite stellen. Die Zwiebel würfeln, in dem Rest Butter glasig dünsten, mit Mehl und Curry stäuben, kurz durchrösten und mit Brühe auffüllen. Knappe 20 Minuten durchkochen lassen. Anschließend das Fleisch in die Sauce geben und nochmals 15 Minuten ziehen lassen. Abschmecken, eventuell mit etwas Sahne verfeinern und in einer tiefen Schüssel, mit Reis angerichtet, servieren.

Entensalmi

Zutaten:

1 große Ente, 2 Schalotten, Wurzelwerk bestehend aus Lauch, Sellerie und Karotte, 1/4 l Rotwein, 150 g Fett, Saft von einer halben Zitrone, Salz, Pfeffer, 1 Lorbeerblatt, Saft von einer halben Orange, 1 Prise Zucker, 50 g Mehl

Zubereitung:

Die vorbereitete Ente in einem mit 50 g Fett erhitzten Bräter bei 250 Grad unter häufigem Begießem (eigener Bratensaft oder Wasser) eine Viertelstunde braten lassen. Kurz nach dem Erkalten ausbeinen und das Fleisch in feine (zierliche) Stücke oder Scheiben schneiden. Die Knochen zusammen mit dem grobgeschnittenen Wurzelwerk und den Schalotten im entfetteten Bratensatz rösten und mit Rotwein und der gleichen Menge Wasser aufgießen. Lorbeerblatt hinzufügen und das Ganze eine 3/4 Std. kochen lassen. Aus 50 g Fett, Zucker und Mehl eine braune Einbrenne herstellen und diese mit der durchgeseihten Bratensauce aufgießen. Mit den übrigen Geschmackszutaten abschmecken und ein paarmal aufkochen lassen. Das Fleisch in einer Schüssel anrichten und mit der Sauce übergießen. Entensalmi kann durch Morcheln, Champignons oder andere Pilze verfeinert werden. Der Begriff »Salmi« ist heutzutage nicht mehr so geläufig wie früher. Tatsächlich bedeutet es: »in die Sauce gelegt« und hat eine Zwitterstellung – edler als ein Ragout und feiner als ein Braten.

Fasan auf Sauerkraut

Zutaten:
1 junger Fasan, 100 g Speckscheiben, 2 feingehackte Zwiebeln, 1 kg Sauerkraut, 1/4 l Weißwein, 100 g Fett, Salz, Pfeffer, etwas Zitronensaft

Zubereitung:
Den vorbereiteten, abgehangenen Fasan mit Salz, Pfeffer und Zitronensaft gut würzen und mit den Speckscheiben umwickeln. In einer Pfanne die Hälfte vom Fett erhitzen und darin den Fasan von allen Seiten anbraten. Zugedeckt 30 Minuten dünsten. Das restliche Fett in einen größeren Topf geben, die Zwiebeln darin dün-

sten, das Sauerkraut zugeben, mit Weißwein aufgießen und den halbfertigen Fasan in die Mitte legen. Bei geschlossenem Topf auf mittlerer Hitze 1 Std. schmoren. Das Geflügel auf dem Sauerkraut wie in einem Nest anrichten und mit Kartoffeln servieren. Nach Belieben mit gerösteten Semmelscheiben anrichten.

Gebratener Frischlingsrücken
(für 6 Personen)

Zutaten:

1 Rücken vom Frischling (einjähriges Wildschwein), 60 g Fett, 50 g Speck, 2 Zwiebeln, Wurzelwerk, 1/4 l Rotwein, 1/4 l Brühe, Salz, Pfeffer, Thymian, einige zerstoßene Wacholderbeeren (im Mörser), einige Pfefferkörner, 2 Lorbeerblätter, 2 TL Stärkemehl, 1 EL Johannisbeergelee, 1/10 l Rahm

Zubereitung:

Darauf achten, daß der gut abgelagerte und abgewaschene Wildschweinrücken auch abgeschwartet ist. (Durch das Abbrennen der Borsten entsteht ein penetranter Geschmack auf der Schwarte.) Das Fleisch mit Salz, Pfeffer, Thymian und zerstoßenen Wacholderbeeren einreiben. In einem Bräter in heißem Fett von allen Seiten gut anbraten. Speck, Wurzelwerk und Zwiebeln grob schneiden und auch mitbraten. Bei 220 Grad knapp 1 1/2 Std. garen. Während des Bratvorganges mit Rotwein und Brühe auffüllen, dabei öfter den Braten übergießen und die Lorbeerblätter dazugeben. Den fertigen Frischlingsrücken aus der Sauce nehmen, warmstellen und die Sauce zubereiten. Dazu den Bratenfond durchseihen, mit den Gewürzen und Johannisbeergelee abschmecken und mit dem Stärkemehl binden. (Mit ein paar EL Sauce anrühren und zurückgießen.) Zuletzt die Sauce mit Rahm verfeinern. Das Fleisch vom Rücken lösen, schräg zur Faser in Scheiben schneiden und wieder dicht zusammensetzen; mit Sauce überziehen. Als Beilagen empfiehlt »Oma« Sauerkraut, Rotkohl, Apfelmus, Kartoffeln und Knödel aller Art.

Gänsekeulen mit Paprika

Zutaten:
4 Gänsekeulen, Salz, Pfeffer, Paprika, Maroni zum Garnieren

Zubereitung:
Da die Gans zu den Fettbraten zählt, braucht man zum Braten kein zusätzliches Fett. Die Keulen mit den Gewürzen einreiben, in einen Bräter legen und mit kaltem Wasser bedecken. Den Bräter zugedeckt in die vorgeheizte Röhre bei 210 Grad schieben und 1 1/2 Std. dämpfen lassen. Während dieses Vorgangs tritt das Gänsefett aus, das später entfernt wird. Kurz vor Ende der Garzeit den Bräter abschütten, Deckel entfernen und die Keulen mit Salzwasser bestreichen, um so eine knusprige Haut zu erzielen. Die gebratenen Gänsekeulen auf Sauerkraut anrichten und mit Maroni garnieren.

Gekochte Hammelzunge

Zutaten:
4 Hammelzungen, 60 g Butter, 70 g Mehl, 2 feingehackte Schalotten, Wurzelwerk, 2 EL Estragonessig, Salz, Pfeffer, 1/2 Lorbeerblatt, 30 g Pfefferkuchen, knapp 1/3 l Brühe

Zubereitung:
Die frischen Hammelzungen sehr gut waschen und in Salzwasser zusammen mit dem grobgeschnittenen Wurzelwerk 1 1/2 – 2 Std. weichkochen. Die garen Zungen kalt abbrausen, Haut abziehen und in feine Streifen schneiden; beiseite stellen. Die Schalotten in der Butter glasig dünsten und mit dem Mehl eine helle Einbrenne herstellen. Mit Brühe aufgießen und mit den restlichen Zutaten würzen. 1/2 Std. köcheln und kurz vor dem Servieren die Zungenstreifen untermischen – nicht mehr kochen. Als Beilage empfiehlt »Omas Speisezettel« Spätzle, Makkaroni oder Semmelröstscheiben.

Hasenpastete

Zutaten:
1 ganzer Hase (abgezogen), 1/2 Schweinsleber, 3 alte Brötchen, 150 g roher Speck, Salz, Pfeffer, Saft von einer halben Zitrone, 1 Prise Muskat, 2 cl Weinbrand
Zur Beize: 1/5 l Rotwein, 1/10 l Essig, 2/5 l Wasser, 1 EL Wacholderbeeren, 2 Lorbeerblätter, 3 Scheiben Zitrone, 1 Zwiebel
Zum Wildfond: 100 g roher Speck, 50 g Fett, etwas Wurzelwerk, 2 Zwiebeln, Pfefferkörner, Salz, 1/2 l fertige Madeirasulze, 10 – 15 dünne rohe Speckscheiben

Zubereitung:

Sollten Sie keine Erfahrung mit dem Zerteilen eines ganzen Hasen haben, so lassen Sie sich das Fleisch vom Fachverkäufer herrichten. Den Hasen so teilen, daß die Rückenfilets ganz bleiben, denn sie kommen in einem Stück in die Pastete. Die anderen Fleischstücke sorgfältig von den Knochen lösen und in fingerbreite Stücke schneiden. Eine Beize aus oben genannten Zutaten herstellen, aufkochen lassen und über die Filets gießen und kaltstellen. Der Wildfond wird mit den zerhackten Hasenknochen angesetzt. In der Butter den grobgeschnittenen Speck, die geviertelten Zwiebeln und die Knochen anbräunen. Mit 1 l Wasser aufgießen und die Gewürze hinzufügen. Mindestens 1 1/2 Std. köcheln (leise ziehen) und anschließend durch ein Sieb seihen, abschmecken und abkühlen lassen. Nun zur Fleischfülle: dazu die 3 Brötchen in Wasser oder Milch einweichen, gut ausdrücken und zusammen mit dem grobgeschnittenen Wildfleisch, dem Speck und der geschnittenen Leber durch den Fleischwolf drehen. Am besten den Vorgang 1 bis 2 mal wiederholen, da die Masse sehr fein sein sollte. Die Farce gut abrühren, würzen und die Wildessenz unterrühren. Die in der Rotweinbeize eingelegten Filets herausnehmen, abtrocknen und in etwas Butter rasch von allen Seiten anbraten und beiseite legen. Eine Pastetenform mit den rohen Speckscheiben so auslegen, daß sie an der Form überlappen und am Schluß die fertige Pastete abdecken. Nun die Farce halb einfüllen, die gebratenen Fleischstücke ordentlich einsetzen und darauf die übrige Fleischfülle verteilen, glattstreichen und mit dem Speck abschließen. Die Pastete in ein Wasserbad setzen und im vorgeheizten Ofen bei 210 Grad 1 1/2 Std. garen. Die fertige Hasenpastete aus dem Wasserbad nehmen, abschütten (überschüssiges Fett), die kalte Madeirasulze darübergießen und im Kühlschrank festwerden lassen. Es empfiehlt sich, die Pastete einen Tag ruhen zu lassen. Anschließend in 1 – 2 cm dicke Scheiben schneiden und mit Herbstsalaten servieren.

Hühnerfrikassee

Zutaten:
2 Hähnchen mit Innereien, Wurzelwerk, 1 Zwiebel, Saft und Schale einer Zitrone, Salz, Pfeffer, 1 Prise Muskat 1 Prise Basilikum und Thymian, 50 g Butter, 50 g Mehl, 1 EL Kapern, 1/10 l Rahm, 1 Glas Weißwein

Zubereitung:
Die Hähnchen roh entbeinen und die Knochen zusammen mit den Innereien, der geviertelten Zwiebel und dem grobgeschnittenen Wurzelwerk in Salzwasser unter Zusatz der Zitronenschale eine 3/4 Std kochen. Anschließend die Brühe durchseihen und an der Oberfläche entfetten. Das entbeinte und gewürzte Hühnerfleisch mehlieren, in Butter von allen Seiten anbraten, mit Weißwein ablöschen und mit Brühe auffüllen. Die Garzeit beträgt 1 1/2 Std. Das Hühnerfleisch aus der Sauce nehmen und in einer Schüssel anrichten. Die Sauce abschmecken, Kapern hinzufügen und mit dem Rahm verfeinern; über das Fleisch gießen. Mit Reis oder Knödeln servieren. Das Hühnerfrikassee kann je nach Geschmack ohne Kapern und dafür mit Champignons oder Spargelspitzen gekocht werden.

Gedünstetes Rebhuhn

Zutaten:

3 bis 4 Rebhühner (je nach Größe), Salz, Wacholderbeeren, 100 g gewürfelter Speck, 50 g Butter, 2 Zwiebeln, Wurzelwerk, 1/4 l Brühe, 1/4 l Rotwein, 2 Lorbeerblätter, Rosmarin, Thymian, 1/5 l Rahm

Zubereitung:

Die jungen gerupften, gesengten und ausgenommenen Rebhühner halbieren und mit Salz, Pfeffer und zerstoßenen Wacholderbeeren würzen. In einem gebutterten Bräter mit den Speckwürfeln anbraten.

Das geschnittene Wurzelwerk und die geviertelten Zwiebeln zugeben und leicht rösten. Seitlich mit Brühe und Rotwein auffüllen, die Kräuter beifügen und im geschlossenen Bräter unter mehrmaligem Wenden eine knappe Stunde dünsten lassen.

Die gegarten Hühner herausnehmen, vierteln und warmstellen. Die Sauce durch ein Sieb streichen, mit Rahm verfeinern und nochmals abschmecken. Sollte Ihnen die Sauce zu wäßrig erscheinen, so können Sie diese mit etwas Stärkemehl binden.

Zu den gedünsteten Rebhühnern paßt Sauerkraut, Linsen und Kartoffelbrei.

Gebackene Tauben

Zutaten:

4 Tauben, 125 g Mehl, 100 g Semmelbrösel, 2 Eier, Salz, Pfeffer, 150 g Butter, Zitronenviertel und Petersilie zum Garnieren

Zubereitung:
Die bratfertigen Tauben in vier Teile schneiden, mit Salz und Pfeffer gut einreiben. Dann wie »Wiener Backhühner« in Mehl wenden, in den verklepperten Eiern durchziehen und in den Semmelbröseln panieren.
In heißem Fett ausbacken und knusprig mit Zitrone und Petersilie garniert servieren.
Als Beilage eignen sich Bratkartoffeln und frische Salate.

Geschlagenes & Gebackenes

Aachener Printen

Zutaten:
500 g weißer Kandiszucker, 1/10 l Wasser, 125 g zerlassene Butter, 750 g Mehl, die Schale von 1/2 Zitrone, 50 g grobgeschnittene Mandeln, 30 g Zitronat, 20 g Zimt, 20 g Nelken, 20 g Kardamon, etwas Muskatnuß, 5 g in etwas Rosenwasser aufgelöste Pottasche

Zubereitung:
Den Kandiszucker mit dem Wasser zu einem Brei verkochen und diesen mit der zerlassenen Butter vermischen. Das Mehl mit den Gewürzen in eine Schüssel sieben, mit dem Butter-Zuckergemisch und den anderen Zutaten verrühren. Zuletzt die aufgelöste Pottasche dazumischen und den gut verkneteten Teig mindestens 5 Stunden kaltstellen. Danach ausrollen und in längliche Streifen (Printen) ca. 3 cm breit und 6–8 cm lang schneiden. Auf ein gefettetes Backblech legen und mit Wasser bestreichen. Bei mäßiger Hitze (180 Grad) 15 Minuten backen.

Altdeutscher Napfkuchen

Zutaten:
250 g Butter, 1 Prise Salz, 50 g Hefe, 1/8 l lauwarme Milch, 1 kg Mehl, 4 ganze Eier, 4 Eigelb, 100 g Zucker, 1 kleine Zitrone, 100 g geriebene Mandeln, Butter für die Form

Zubereitung:
Die Hefe in etwas Milch auflösen, mit 2 EL Mehl verrühren und an einem warmen Ort eine halbe Stunde ruhen lassen. Inzwischen die Butter schaumig rühren, die Eier, das Eigelb, Zucker und

die abgeriebene Schale der Zitrone beifügen. In das gesiebte Mehl den Vorteig »Dampferl« untermengen, die Buttermasse, Salz und die geriebenen Mandeln hinzufügen. Einen lockeren Hefeteig herstellen und diesen 1 Std. beiseite stellen. Den Teig in eine sehr gut ausgebutterte, leicht bemehlte Guglhupfform füllen und glattstreichen. Während Sie den Backofen auf 200 Grad vorheizen, den Kuchen noch einmal ruhen lassen. Backzeit beträgt eine gute Stunde. (Gabelprobe – beim Einstechen darf kein Teig mehr kleben bleiben.) Nach der Backzeit den Napfkuchen in der Form noch etwas abkühlen lassen, dann vorsichtig auf eine Kuchenplatte stürzen und erkaltet mit Puderzucker bestreuen.

Amerikaner

Zutaten:
Für den Teig: 100 g Butter oder Margarine, 100 g Zucker, 1 Päckchen Vanillinzucker, 2 Eier, 1 Prise Salz, 3 EL Milch, 1 Päckchen Vanillepuddingpulver, 250 g Mehl, 3 gestrichene TL Backpulver, Milch zum Bestreichen
Für den Guß: 100 g Puderzucker, heißes Wasser, 1 TL Kakao

Zubereitung:
Butter oder Margarine schaumig rühren. Nach und nach Zucker, Vanillinzucker, Eier, Salz und

mit Milch angerührtes Puddingpulver dazugeben. Masse gut schlagen. Das Mehl mit dem Backpulver mischen, sieben und dazurühren. Der Teig muß fest sein. Falls er nicht fest genug ist, noch etwas Mehl dazugeben. Backblech fetten. Mit dem Eßlöffel große Portionen von etwa 5 cm Durchmesser auf das Blech setzen und bei 190 Grad 15 - 20 Minuten backen.
Nach 10 Minuten mit Milch bestreichen. Amerikaner kalt werden lassen. Für den Guß Puderzucker mit etwas heißem Wasser glattrühren. Die Hälfte mit Kakao würzen. Unterseite des Gebäcks mit Guß bestreichen.

Aniskücheln

Zutaten:
125 g Butter, 5 Eier, 25 g Hefe, 1 Tasse Sahne, 125 g Zucker, 250 g Mehl, 2 EL gewiegter Anis, Zucker zum Bestreuen, Fett für das Blech

Zubereitung:
Die Butter mit dem Eigelb gut verrühren. Das Mehl auf eine Tischplatte sieben, eine Grube bilden und darin die in lauwarmen Wasser aufgelöste Hefe einarbeiten. Die Butter-Eier-Masse, den Zucker und die Sahne dazufügen und den Teig solange bearbeiten (schlagen), bis er sich vom Gefäß löst. Ganz zum Schluß das steifgeschlagene Eiweiß unterheben und den Teig etwas stehen lassen.
Auf ein gefettetes Blech kleine Häufchen setzen und mit Zucker und Anis bestreuen.
Bei 180 Grad die Aniskücheln 20 Minuten backen.

Apfel-Grieß-Auflauf mit Weichseln

Zutaten:
800 g Äpfel, 150 g Grieß, 1 Prise Salz, 1 l Milch, 1 Prise Zimt, 1 abgeriebene Zitronenschale und den Saft einer Zitrone, 3 Eier getrennt, 50 g Zucker und 200 g Kirschen im Saft, 1 Stange Zimt

Zubereitung:
Die Milch aufkochen, Grieß einrühren, salzen und aufquellen lassen. Die Äpfel schälen, vierteln, entkernen und mit wenig Wasser, gewürzt mit Zitrone und 1 Stange Zimt, knappe 10 Minuten dünsten. Den lauwarmen Grieß mit Zucker, Zimt und Eigelb verrühren. Die inzwischen fertig gedünsteten Äpfel der Grießmasse untermischen. Eine Auflaufform ausbuttern und diese mit der Hälfte der Masse füllen. Dann die Kirschen mit einem Schaber gleichmäßig darauf verteilen und den Rest Apfelgrieß daraufgeben. Den Abschluß bildet das zu Eischnee steifgeschlagene Eiweiß.
Im Ofen bei 200 Grad 20 Minuten backen.

Apfelkuchen mit Streusel

Zutaten:
Für den Teig: 500 g Mehl, 30 g Hefe, 1 TL Zucker, 1/4 l lauwarme Milch, 60 g Zucker, 90 g Margarine, 2 Eier, 1 Prise Salz, abgeriebene Schale einer Zitrone (ungespritzt)
Für den Belag: 1500 g Äpfel, 3 EL Semmelbrösel, 65 g Korinthen, Zucker.
Für die Streusel: 150 g Mehl, 150 g Zucker, 100 g Butter, 1 Prise Salz

Zubereitung:
Mehl in eine Schüssel sieben. Mulde hineindrükken. Hefe dazubröckeln. Zucker daraufstreuen und mit etwas lauwarmer Milch verrühren. Vorteig 20 Minuten gehen lassen. Dann die restliche Milch, Zucker, Margarine in Flöckchen, Eier, Salz und abgeriebene Zitronenschale hineinkneten. Teig gut schlagen, damit er locker wird. Gehen lassen. In dieser Zeit die Äpfel schälen, vierteln, Kerngehäuse entfernen, Äpfel in dicke Scheiben schneiden. Teig aufs gefettete Backblech rollen. Mit Semmelbröseln bestreuen, mit den Äpfeln belegen und die Korinthen darauf verteilen. Mit etwas Zucker bestreuen.
Für die Streusel Mehl, Zucker und Butter mit dem Salz in eine Schüssel geben. Streusel kneten. Über die Äpfel verteilen und im vorgeheizten Ofen bei 190 Grad 35 - 45 Minuten backen.

Aprikosentrüffel

Zutaten:
400 g getrocknete Aprikosen, 15 cl Aprikosenlikör oder Grand Marnier, 10 cl Läuterzucker (Sirup), 100 g Mandelstifte, 100 g Puderzucker

Zubereitung:
In einem Topf die Aprikosen mit dem Likör übergießen und bei kleinster Flamme quellen lassen (die Flüssigkeit soll aufgesogen sein). Die Apriko-

senmasse mit einem Küchenmixer fein pürieren
und anschließend mit den übrigen Zutaten vermischen.
Der Teig soll von fester Beschaffenheit
sein; ein paar Stunden kaltstellen. Die Form der
Trüffel bleibt Ihnen überlassen, entweder kleine
Kügelchen formen oder kleine Streifen schneiden.
Zum Schluß in Puderzucker wälzen. Falls Sie
vorhaben, diese Trüffel zu verschenken, machen
Sie gleich mehr, denn da wird jeder zur Naschkatze.

Apfelweingelee

Zutaten:
1 Fl. Apfelwein, 500 g Zucker, 15 Blatt Gelatine,
1 Zitrone, 1 EL Arrak

Zubereitung:
Die Gelatine in reichlich kaltem Wasser auflösen
und ausdrücken. Die gesamten Zutaten in eine
runde, hitzefeste Schüssel geben und über einem
Wasserbad kräftig schlagen. Die Restrückstände
der Gelatine sollen vollständig aufgelöst sein.
Die Masse etwas auskühlen lassen und durch ein
Haarsieb in Gläser oder Schalen füllen. 2–3 Stunden
ins Eisfach stellen und später mit einem
Klecks Schlagsahne servieren.

Ausgezogene (Bayrische Küchle)

Zutaten:
500 g Mehl, 30 g Hefe, 1 TL Zucker, 1/4 l Milch,
2 Eier, 80 g Zucker, 1 Prise Salz, abgeriebene
Schale 1/2 Zitrone (ungespritzt), 80 g Butter oder
Margarine, 500 g Kokosfett oder 1/2 l Öl zum Fritieren,
Zucker zum Bestreuen

Zubereitung:
Mehl in eine Schüssel sieben. In die Mitte eine Mulde drücken. Hefe hineinbröckeln. Einen Teelöffel Zucker daraufstreuen. Milch lauwarm werden lassen. Die Hälfte davon auf die Hefe geben. Zum Vorteig verrühren. Zugedeckt gehen lassen. Das dauert etwa 20 Minuten. Dann die übrige Milch, Eier, Zucker, Salz und Zitronenschale auf den Vorteig geben. Butter oder Margarine am Mehlrand in Flöckchen verteilen. Von innen nach außen die Zutaten verrühren. Teig zu Kugeln von etwa 5 cm Durchmesser formen. Auf bemehltem Brett noch etwa 20 Minuten zugedeckt gehen lassen. Dann jede Kugel mit bemehlten Händen von der Mitte nach den Rändern zu so dünn ausziehen, daß die Mitte durchsichtig ist. Aber reißen darf sie nicht.
Kokosfett oder Öl im Fritiertopf auf 180 Grad erhitzen. Ausgezogene ins Fett geben. Auf beiden Seiten je 3 Minuten goldbraun backen. Darauf achten, daß die dünne Mitte weiß bleibt. Beim Wenden darf sie also kein heißes Fett mitbekommen. Herausnehmen. Gut abtropfen lassen. In Zucker wälzen. Ergibt 15 Stück.

Backpflaumenauflauf

Zutaten:
250 g Backpflaumen, 80 g Butter, 1 ganzes Ei, 3 Eigelb, 3 Eiweiß, 100 g Semmelbrösel, 1 TL Essig

Zubereitung:
Die Backpflaumen mit etwas Wasser und dem Essig weichdünsten, dann entkernen und feinhacken. Die Butter schaumig rühren, die drei Ei-

gelb, das ganze Ei und die Semmelbrösel dazumischen. Zuletzt wird das steifgeschlagene Eiweiß und der Pflaumenbrei vorsichtig untergehoben. Die Pflaumenmasse in eine ausgebutterte Auflaufform füllen und bei 180 Grad eine 3/4 Stunde backen.

Bananensülze

Zutaten:
5 Bananen, 4 EL geriebene Schokolade, 8 Blatt in Wasser aufgelöste Gelatine, 1/4 l Milch, 4 EL Zucker, 2 Eigelb, 1 TL Rum

Zubereitung:
Die Bananen gut zerdrücken oder mit einem Küchenmixer fein pürieren. Die Milch einrühren und die anderen Zutaten nach und nach dazugeben. Darauf achten, daß die Gelatine gut aufgelöst ist. Die Cremespeise in Gläser füllen und kaltstellen. Anschließend die Speise stürzen (die Gläser vorher kalt ausspülen) und mit Bananenscheiben oder Mandelstiften garnieren und mit einem Klecks Schlagsahne servieren.

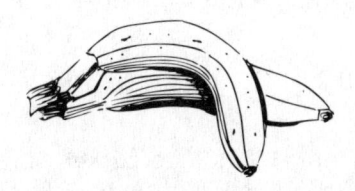

Baumkuchen-Schichttorte

Zutaten:
Für den Teig: 250 g Butter oder Margarine, 250 g Zucker, 1 Prise Salz, 1 Päckchen Vanillinzucker,

2 Eier, 4 Eigelb, 2 Gläschen Rum, 150 g Mehl, 100 g Speisestärke, 3 TL Backpulver, 4 Eiweiß
Für den Guß: 175 g Puderzucker, 1 EL Zitronensaft, 2 EL heißes Wasser, 10 g zerlassenes Kokosfett

Zubereitung:
Butter oder Margarine schaumig rühren. Zucker, Salz, Vanillinzucker, Eier, Eigelb, und Rum dazugeben. Mehl mit Speisestärke und Backpulver mischen, sieben und nach und nach unterrühren. Eiweiß zu steifem Schnee schlagen. Unter den Teig heben. Springform von 26 cm Durchmesser mit gefettetem Papier auslegen. 3 EL Teig darauf verteilen, hellgelb backen. Danach eine Teigschicht von 2 EL darüberstreichen. Bei etwas geringerer Hitze hellgelb backen. So weiter arbeiten, bis der Teig verbraucht ist. Es entstehen 7 - 9 Schichten. Form noch mal auf die oberste Schiene schieben. Jede Schicht bei 175 - 190 Grad ca. 10 Minuten backen. Torte abkühlen lassen. Aus der Form nehmen.
Für den Guß den gesiebten Puderzucker mit Zitronensaft, Wasser und Kokosfett glattrühren. Die Torte damit gleichmäßig überziehen.

Berliner Luft

Zutaten:
6 Eier getrennt, 120 g Puderzucker, Saft und abgeriebene Schale von 2 Zitronen, 5 Blatt Gelatine, 1 EL Rum

Zubereitung:
Die Gelatine in kaltem Wasser ca. 10 Minuten quellen lassen. Den Zucker zusammen mit dem

Eigelb schaumig rühren, den Puderzucker einrieseln und die Zitronenschale und -saft hinzufügen. Nachdem die Gelatine gut aufgelöst ist, auch diese unterrühren. Mit Rum verfeinern. Die Masse im Kühlschrank kaltstellen und während dieser Zeit das Eiweiß steifschlagen. Unter die gelierende Eigelbmasse heben und in Portionsschälchen füllen.

Berliner Pfannkuchen

Zutaten:
500 g Mehl, 40 g Hefe, 1 TL Zucker, gut 1/8 l warme Milch, 40 g Zucker, 2 EL Öl, 2 Eigelb, 1 gestrichener TL Salz, 2 EL Rum, Marmelade oder Pflaumenmus zum Füllen, Schmalz oder Öl zum Fritieren, Zucker oder Puderzucker zum Bestreuen

Zubereitung:
Mehl in eine Schüssel sieben. In die Mitte eine Mulde drücken. Hefe hineinbröckeln, Zucker darüberstreuen. Mit etwas Milch verrühren. Mehl darüberstäuben. Schüssel mit einem Tuch bedecken. 15 Minuten gehen lassen. Restliche Milch, Zucker, Öl, Eigelb, Salz und Rum dazugeben. So lange kneten, bis sich der Teig vom Schüsselrand löst. Schüssel mit einem Tuch bedecken und den Teig noch mal 20 Minuten gehen lassen. Dann gut daumendick ausrollen. Runde Plätzchen von etwa 8 cm Durchmesser ausstechen. Jeweils in die Mitte einen Teelöffel Marmelade geben. Teig über der Marmelade zusammenziehen. Teigränder fest zusammendrücken. Berliner Pfannkuchen mit der Nahtstelle nach unten auf ein gefettetes Backblech legen. Noch mal gut 15 Minuten gehen lassen.

Schmalz oder Öl auf 175 Grad (mit dem Fritierthermometer messen) erhitzen. Dann aufgegangene Pfannkuchen mit der glatten Seite zuerst in heißes Fett geben. Im zugedeckten Topf 2 - 3 Minuten backen. Deckel abnehmen, Pfannkuchen wenden und noch 3 Minuten im offenen Topf backen. Herausnehmen, abtropfen lassen. In Zucker wenden oder mit Puderzucker bestäuben. Berliner sollen einen weißen Rand haben.

Bienenstich

Zutaten:
Für den Teig: 500 g Mehl, 30 g Hefe, 1 TL Zucker, gut 3/8 l Milch, 165 g Margarine, 65 g Zucker, 1 Prise Salz, 1 kleines Ei. Margarine zum Einfetten
Für den Belag: 150 g Butter oder Margarine, 200 g Zucker, 1 Päckchen Vanillinzucker, 2 EL Milch, 150 g blättrige Mandeln, 2 EL Zitronensaft
Für die Füllung: 1 Päckchen Vanillepuddingpulver, 1/2 l Milch, 1 Prise Salz, 3 EL Zucker, 150 g Butter

Zubereitung:
Mehl in die Backschüssel sieben. In die Mitte eine Mulde drücken. Hefe hineinbröckeln. Einen Teelöffel Zucker darüberstreuen. Handwarme Milch daraufgießen. Mit einem Löffel zum Vorteig verrühren. 15 Minuten gehen lassen. Mehl darüberstäuben. Margarine in Flöckchen auf dem Mehlrand verteilen. Zucker und Salz daraufgeben und alle Zutaten kräftig kneten und schlagen, bis der Teig locker und trocken ist. Backblech fetten. Teig darauf ausrollen. Zugedeckt noch 20 Minuten gehen lassen.
Für den Belag Butter oder Margarine, Zucker,

Vanillinzucker, Milch, Mandeln und Zitronensaft in einem Topf verrühren. Unter Rühren erhitzen. 5 Minuten kochen und leicht abkühlen lassen. Auf den gegangenen Teig streichen. In den vorgeheizten Ofen schieben und bei 200 Grad 35 Minuten backen.
Nach dem Backen den Kuchen in 40 Stücke schneiden, auskühlen lassen. Jedes Stück durchschneiden. Vanillepudding nach Vorschrift kochen. Vom Feuer nehmen und unter gelegentlichem Rühren abkühlen lassen. Butter schaumig rühren. Pudding löffelweise dazumischen. Bienenstichstücke damit füllen. Bis zum Servieren kühlstellen.

Birnenbeignets

Zutaten:
4 Birnen, 1/2 Stange Zimt, 100 g Zucker, 3/4 l Rotwein, 100 g gemischte Marmelade (Johannisbeer, Erdbeer), Fett zum Ausbacken, Puderzucker
Für den Teig: 200 g Mehl, 1 Prise Salz, 1/4 l Weißwein, 2 Eier getrennt, 2 TL Öl

Zubereitung:
Das Mehl mit einer Prise Salz in eine Schüssel sieben und mit den anderen Zutaten einen dickflüssigen Teig herstellen. Zuletzt das steifgeschlagene Eiweiß unterheben. Die Birnen waschen, halbieren und entkernen. Mit dem Rotwein, Zucker und Zimt die Birnenhälften fast gardünsten (sie sollen noch einen Biß haben) und im erkalteten Zustand mit Marmelade füllen. Das Fett erhitzen, die Birnen durch den Ausbackteig ziehen und im schwimmenden Fett backen. Kurz

abtropfen und mit Puderzucker bestreut noch heiß servieren.

Birnentorte

Zutaten:

Für den Mürbeteig: 100 g Mehl, 1 Ei, 60 g Zucker, 1 Prise Salz, 50 g Butter oder Margarine.
Für den Nußteig: 6 Eigelb, 120 g Zucker, 60 g Butter, 120 g geriebene Haselnüsse, 100 g Mehl, 6 Eiweiß
Für die Creme: 150 g Butter, 60 g Puderzucker, 2 Eier, 120 g Zucker, 2 TL Vanillinzucker, 120 g Schokolade
Für den Belag: 1 große Dose Birnen, 100 g blättrige Haselnüsse

Zubereitung:

Mehl auf ein Backbrett sieben. In die Mitte eine Mulde drücken. Ei, Zucker und Salz hineingeben. Butter oder Margarine in Flöckchen auf dem Rand verteilen. Von außen nach innen schnell zu einem Mürbeteig kneten. 30 Minuten zugedeckt in den Kühlschrank stellen. Zur Platte ausrollen. In eine Springform von 26 cm Durchmesser geben. In den vorgeheizten Ofen schieben und bei 220 Grad 15 Minuten backen.
Abkühlen lassen. Für den Nußteig Eigelb, Zucker und Butter schaumig rühren. Nüsse und Mehl dazugeben. Eiweiß steif schlagen. Locker unterheben. In eine gefettete Springform von 26 cm Durchmesser füllen. In den heißen Ofen schieben und bei 180 Grad 30 - 40 Minuten backen.
Auch abkühlen lassen.
Für die Creme Butter mit Puderzucker schaumig rühren. Eier, Zucker und Vanillinzucker mischen.

Ins Wasserbad stellen. Schlagen bis die Creme steif ist. Abkühlen lassen. Buttermasse eßlöffelweise unterrühren. Im Wasserbad aufgelöste Schokolade einrühren. Mürbeteig mit abgetropften, in Schnitze geschnittenen Birnen belegen (ein paar zum Garnieren zurücklassen). Nußtorte durchschneiden. Eine Schicht kommt auf die Birnen. Mit Creme bestreichen. Zweite Tortenhälfte darauflegen. Auch mit Creme bestreichen. Rand mit Creme überziehen. Restliche Creme in den Spritzbeutel füllen. Torte damit und mit Birnenschnitzen garnieren. Blättrige Haselnüsse gelblich rösten. Tortenrand damit garnieren. Torte bis zum Servieren in den Kühlschrank stellen. In 12 Stücke teilen.

Blätterteigquadrate

Zutaten:
1 Paket Tiefkühlblätterteig, 10 Aprikosenhälften, 1 Eigelb

Zubereitung:
Blätterteig nach Vorschrift auftauen lassen. Scheiben halbieren. Von den Quadraten jeweils zwei dünne Streifen abschneiden. Teigquadrate auf ein mit kaltem Wasser abgespültes Backblech legen. Aprikosenhälften und Teigstreifen kreuzweise darauflegen. Mit Eigelb bestreichen. 15 Minuten ruhen lassen. In den vorgeheizten Ofen schieben und bei 220 Grad 25 Minuten backen.

Blätterteigräder

Zutaten:
1 Paket Tiefkühlblätterteig, 1 Eigelb, 10 kandierte rote Kirschen

Zubereitung:
Aufgetaute Blätterteigscheiben halbieren. Eines der entstandenen Quadrate in kleine Quadrate schneiden. Die übrigen von den Ecken her einschneiden und die Spitzen so umbiegen, daß Windräder entstehen. Mit verquirltem Eigelb bestreichen. Kleine Quadrate auf die Mitte setzen. Die auch mit Eigelb bestreichen. Eine Kirsche daraufsetzen. Auf das kalt abgespülte Backblech legen. 15 Minuten ruhen lassen. Dann in den vorgeheizten Ofen schieben und bei 220 Grad 25 Minuten backen.

Blätterteigtaschen

Zutaten:
1 Paket Tiefkühlblätterteig, 2 EL Aprikosengelee, 1 Ei, 1 TL blättrige Mandeln

Zubereitung:
Blätterteig auftauen lassen. Scheiben halbieren. Aprikosengelee darauf verteilen. Ränder mit Eiweiß bestreichen. Zum Dreieck zusammenklappen. Ränder leicht andrücken. Eigelb verquirlen. Teigstücke damit bestreichen. Mit blättrigen Mandeln bestreuen. Backblech mit kaltem Wasser abspülen. Teigstücke darauflegen. 15 Minuten ruhen lassen. In den Ofen schieben und bei 220 Grad 25 Minuten backen.

Blätterteigtorte mit Kirschen

Zutaten:
1 Paket Tiefkühlblätterteig
Für die Füllung: 1/4 l Sahne, 3 Blatt weiße Gelati-

ne, 1 Päckchen Vanillinzucker, 1 Likörglas Kirschwasser, einige Tropfen Bittermandelöl, 1 Glas Sauerkirschen, 1 EL gehackte Pistazien

Zubereitung:
Tiefkühlblätterteig nach Vorschrift auftauen lassen. Jeweils 2 Platten aufeinanderlegen (restliche Platte für anderes Blätterteiggebäck verwenden). Zu Rechtecken ausrollen. Auf einem mit kaltem Wasser abgespülten Backblech in den vorgeheizten Ofen schieben und bei 220 Grad 10 - 15 Minuten backen.
Auskühlen lassen. Sahne schlagen. Etwa 50 g zurücklassen und im Spritzbeutel kalt stellen. Gelatine in kaltem Wasser einweichen. Ausdrücken. In wenig heißem Wasser auflösen. Abkühlen lassen. In die geschlagene Sahne geben. Vanillinzucker, Kirschwasser und Bittermandelöl hineinrühren. Gut abgetropfte Sauerkirschen locker unterheben (einige Kirschen zum Garnieren zurücklassen). Rechtecke durchschneiden, füllen und zusammensetzen. Restliche Sahne auf die Torte spritzen. Mit Sauerkirschen und Pistazien garnieren.
Die rechteckige Torte in den Kühlschrank stellen. In 4 Stücke teilen.

Blaubeerkuchen

Zutaten:
500 g Mehl, 1/4 l Milch, 1 Prise Salz, 2 Eier, 30 g Hefe, 150 g Butter, 1 Prise Zimt, 1 Prise Muskat, 1 Prise feingehackte Zitronenschale, 50 g Zucker, 500 g Heidelbeeren, ca. 70 g Zwiebackbrösel, 50 g Puderzucker, Fett für die Form, Zucker zum Bestreuen

Zubereitung:
Mehl in eine Schüssel sieben, in der Mitte eine Mehlgrube bilden und die in etwas lauwarmer Milch aufgelöste Hefe mit 1 EL Zucker hineingeben. Ein bißchen Mehl einarbeiten und ruhen lassen, bis dieser kleine »Vorteig« die doppelte Größe erreicht hat. Die anderen Zutaten zusammen mit den Fettflöckchen auf den Rand legen. Den aufgegangenen Teig weiterbearbeiten, die Milch zuschütten und kneten und schlagen, bis der Hefeteig Blasen wirft und sich von der Schüssel löst. Zugedeckt an einem warmen Ort ruhen lassen. Mit einem Nudelholz den mittelfesten Hefeteig ausrollen und die ausgebutterte Kuchenform bis zum Rand hoch auslegen. Mit der Hand ca. 2 cm dick aus- oder andrücken und die Teigplatte mit Butter bestreichen. Die vorbereiteten trockenen Heidelbeeren auf dem Teig verteilen, mit Puderzucker vermischten Zwiebackbröseln bestreuen und zum Schluß noch einige Butterflöckchen daraufsetzen. Während Sie den Backofen auf 210 Grad vorheizen, kann der Kuchen nochmals ruhen. (Backzeit 40 Minuten.) Den fertigen Kuchen noch heiß mit Zucker bestreuen und in der Form auskühlen lassen. Mir persönlich schmeckt der Kuchen am besten,

wenn er noch heiß ist, und ich habe davon noch nie Magenschmerzen bekommen. (Es heißt doch immer, daß warmer Hefeteig Bauchschmerzen verursacht.)

Brandnudeln

Zutaten:
150 g Mehl, 1/4 l Milch, 50 g Zucker, 1 Prise Salz, 4 Eier getrennt, 1 EL Sahne, 1 Prise Vanillezucker, Fett zum Ausbacken

Zubereitung:
Die mit Vanillezucker und Salz gewürzte Milch zum Kochen bringen. Sofort vom Herd nehmen, das gesiebte Mehl einrühren und auf dem Ofen solange abrühren (abbrennen), bis sich die Masse vom Topf in Form eines Kloßes löst; dabei entsteht am Topfboden eine weiße Schicht. Den Teig vom Herd nehmen, erkalten lassen und mit Eigelb, der Sahne und dem Zucker vermengen. Zum Schluß noch das steifgeschlagene Eiweiß unterziehen. Den Teig auf eine mit Mehl besiebte Arbeitsfläche legen und daraus walnußgroße Häufchen ausstechen, mit der Hand etwas nachformen und in heißem schwimmenden Fett hellgelb ausbacken. Mit Puderzucker oder gemischt mit Kakao bestreuen (sieben).

Brandteigringe

Zutaten:
1/4 l Wasser, 50 g Butter, 1 Prise Salz, 150 g Mehl, 4 - 5 Eier, Margarine zum Einfetten, Mehl zum Bestäuben

Zubereitung:

Wasser, Butter und Salz in einem breiten Topf aufkochen. Von der Kochstelle nehmen. Das Mehl auf einmal in die heiße Flüssigkeit schütten. Schnell glattrühren, damit sich keine Klumpen bilden. Dann den Topf wieder auf die Kochstelle setzen, und bei geringer Hitze so lange rühren, bis sich ein Kloß und eine weiße Haut am Topfboden bilden. Topf wieder vom Herd nehmen und das erste Ei in den Kloß rühren. Danach den Teig 5 Minuten abkühlen lassen. Die übrigen Eier nach und nach dazugeben. Immer erst ein Ei vollständig einrühren. Der Teig soll stark glänzen und in dicken Zapfen am Löffel hängen. Backblech einfetten. Leicht mit Mehl bestäuben. Teig in den Spritzbeutel geben und auf das Blech dicke Ringe von 5 cm Durchmesser setzen. In den vorgeheizten Ofen schieben und bei 220 Grad 45 Minuten backen.
In den ersten 20 Minuten den Ofen auf keinen Fall öffnen. Nach dem Abkühlen die Ringe durchschneiden. Mit Creme oder Sahne füllen und mit Puderzucker bestäuben.

Brottorte

Zutaten:

6 Eier getrennt, 200 g Zucker, 150 g Schwarzbrotbrösel, 150 g geriebene Mandeln, 1 TL Zimt, 1 Prise Muskat, 3 EL Rum, etwas geriebene Zitronenschale, 150 g Johannisbeermarmelade, Butter und Semmelbrösel für die Form

Zubereitung:

Die Schwarzbrotbrösel in etwas Butter rösten und mit Rum tränken. Eine Schaummasse aus Eigelb, Zucker und den Gewürzen herstellen. Mandeln und die gut durchgezogenen Schwarzbrotbrösel untermengen; zuletzt den Eischnee unterziehen. Eine Tortenform mit Butter bestreichen, mit Semmelbröseln ausstreuen (die Form dabei hin und her bewegen und die Brösel, die nicht haften bleiben, ausschütten) und die Schwarzbrotmasse einfüllen. Bei 180 Grad 60 Minuten backen. Den abgekühlten Kuchen aus der Form nehmen und am besten erst am nächsten Tag mit der Marmelade füllen. Dabei die Torte in der Mitte durchschneiden, mit Konfitüre bestreichen und wieder zusammensetzen. Nach Belieben mit Schokoladenglasur überziehen. Diese Torte schmeckt nach einigen Tagen am besten.

Butterkuchen

Zutaten:
Für den Teig: 500 g Mehl, 30 g Hefe, 1 TL Zucker, 1/4 l lauwarme Milch, 1 Prise Salz, 100 g Butter, 75 g Zucker
Für den Belag: 65 g Butter, 100 g Zucker, 1 EL Zimt, 100 g blättrige Mandeln

Zubereitung:
Mehl in ein Schüssel sieben. In die Mitte eine Mulde drücken. Hefe hineinbröckeln. Mit einem TL Zucker, etwas Milch und Mehl einen Vorteig rühren. 15 Minuten zugedeckt gehen lassen. Restliche Milch und Salz zugeben. Butter in Flöckchen daraufgeben. Zucker darüberstreuen. Alles zu einem glatten Teig verarbeiten. Schlagen, bis er glänzt und Blasen wirft. Auf ein gefettetes Blech verteilen. Noch mal 20 Minuten aufgehen lassen.

Für den Belag die Butter in Flöckchen auf dem Teig verteilen. Zucker, Zimt und Mandeln mischen, über den Kuchen streuen und im vorgeheizten Ofen bei 220 Grad 20 Minuten backen.

Donauwellen

Zutaten:
300 g Butter oder Margarine, 500 g Mehl, 4 Eier, 300 g Zucker, 1 EL Zitronensaft, 1 EL Rum, 1 Pckg. Backpulver, bis 1/5 l Milch, 300 g Sauerkirschen ohne Saft (Dose), 50 g Kakao, 200 g Schokoladenglasur, Fett fürs Blech

Zubereitung:
Bevor Sie mit dem Teig beginnen, stellen Sie den Kakao, 50 g Zucker und 3 EL Milch beiseite. Butter, Zucker und Eier schaumig schlagen, und nach und nach das mit Backpulver vermischte Mehl und die Milch einrühren. Mit den Gewürzen abschmecken und ungefähr die Hälfte des lockeren Teiges in eine zweite Schüssel geben. Diesen mit Kakao, Zucker und Milch mischen. Ein Backblech mit Fett bepinseln und zuerst den hellen Teig daraufstreichen und dann den dunkleren. Kirschen gleichmäßig darüber verteilen und bei mittlerer Hitze 30 Minuten backen. Die erkalteten Donauwellen mit Glasur überziehen.

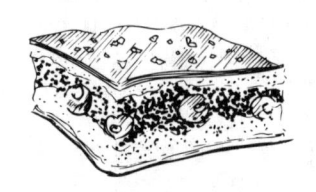

Dresdner Mehlspeise

Zutaten:
1/4 l Milch, 80 g Mehl, 30 g Butter, 1 Prise Salz, 65 g Butter, 80 g Zucker, abgeriebene Schale von einer halben Zitrone, 1 Ei, 3 Eier getrennt, 3 Äpfel, 50 g geriebene Makronen

Zubereitung:
Aus Milch, Mehl, Butter und Salz unter ständigem Rühren einen Brei kochen und erkalten lassen. Die Äpfel waschen, schälen, entkernen und in feine Würfel schneiden. 65 g Butter schaumig rühren, nach und nach 80 g Zucker einrieseln, Zitronenschale, 1 Ei und 3 Eigelb hinzufügen. Zu dieser Schaummasse die Äpfel, Makronen und den Brei untermischen. Zuletzt den steifgeschlagenen Eischnee unterheben und das Ganze in eine ausgebutterte feuerfeste Form (Puddingform) füllen. Die Form in ein Wasserbad stellen und 1 – 1 1/4 Std. köcheln. Den gegarten Pudding noch etwas abdampfen lassen, vorsichtig stürzen und mit Weinschaum servieren. Echter Pudding wird bei uns oft verwechselt mit dem Flammeri, der heute oft fälschlicherweise bei uns Pudding heißt. Ein richtiger Pudding wird erst durch den Eischnee luftig gemacht und kommt als eine Art Schaum gestürzt auf den Tisch. Es ist also sehr wichtig, daß der Pudding im Wasserbad nur sanft gegart wird und nicht auf höchster Flamme steht. »Köcheln« bedeutet sanftes Garen.

Eclairs

Zutaten:
Für den Teig: 1/4 l Wasser, 50 g Butter, 1 Prise Salz, 150 g Mehl, 4 Eier, Margarine und Mehl

zum Einfetten und Bestäuben
Für die Füllung: 1/4 l Milch, 60 g Zucker, 1 Päckchen Vanillinzucker, 1 Prise Salz, 30 g Speisestärke, 3 TL Pulverkaffee, 3 Blatt weiße Gelatine, 1/4 l Sahne
Für die Glasur: 150 g Puderzucker, 3 EL Wasser, 2 TL Pulverkaffee.

Zubereitung:
Wasser, Butter und Salz in einem breiten Topf aufkochen. Von der Kochstelle nehmen. Das Mehl auf einmal in die heiße Flüssigkeit geben. Schnell glattrühren, damit sich keine Klümpchen bilden. Dann den Topf wieder auf die Kochstelle stellen und bei geringer Hitze so lange rühren, bis sich ein Kloß bildet. Wenn sich am Topfrand eine weiße Haut absetzt, ist der Teig richtig. Topf wieder vom Herd nehmen und das erste Ei in den Kloß rühren. Den Teig 5 Minuten abkühlen lassen, dann die übrigen Eier zugeben. Immer erst ein Ei verrühren, bevor das nächste in den Teig kommt. Der Teig soll stark glänzen und in dicken Zapfen am Löffel hängen. Backblech leicht einfetten und mit Mehl bestäuben. Teig in den Spritzbeutel füllen und etwa fingerlange Stäbchen auf das Backblech spritzen. In den vorgeheizten Ofen (mittlere Schiene) schieben und bei 220 Grad 45 Minuten backen.
In den ersten 20 Minuten darf der Ofen nicht geöffnet werden. Eclairs abkühlen lassen, dann aufschneiden.
Für die Füllung Milch mit Zucker, Vanillinzucker und Salz aufkochen. Speisestärke in kaltem Wasser anrühren. Unter Rühren in die Milch geben. Einmal aufkochen lassen. Den Pulverkaffee und die in kaltem Wasser eingeweichte, ausgedrück-

te Gelatine unter Rühren darin auflösen. Die Creme erkalten lassen, hin und wieder umrühren, damit sie keine Haut bekommt. Sahne schlagen und unterziehen.
Für den Guß den Puderzucker sieben, mit Wasser verrühren. Pulverkaffee darin auflösen. Die oberen Gebäckhälften damit bestreichen. Trocknen lassen. Creme in den Spritzbeutel füllen und auf die unteren Eclairhälften spritzen. Je eine mit dem Guß überzogene Hälfte daraufsetzen. Ergibt 25 Stück. Die Eclairs können auch mit einer Obst-Schlagsahne-Füllung zubereitet werden. Außerdem mit Vanilleeis oder Obst und Sahne.

Erdbeerkaltschale

Zutaten:
1 kg Erdbeeren, 150 g Zucker, 1 Fl. Weißwein, Saft von einer Zitrone

Zubereitung:
Die frischen Erdbeeren waschen, verlesen, mit einem Mixer fein pürieren und durch ein Sieb streichen. Mit den übrigen Zutaten gut verrühren und in Gläser oder Schalen füllen. Bis zum Gebrauch auf Eis stellen.

Erdbeerschnitten

Zutaten:
1 Packung Tiefkühlblätterteig, 1 Eigelb zum Bestreichen
Für die Füllung: 500 g Erdbeeren, 100 g Zucker, 3/8 l Sahne, 2 Päckchen Vanillinzucker. Puderzucker zum Bestäuben

Zubereitung:

Tiefkühlblätterteig nach Vorschrift auftauen lassen. Jede Platte halbieren. (Es sind 5 Platten in einer Packung.) Die Oberfläche mit verquirltem Eigelb bestreichen. Auf ein mit kaltem Wasser abgespültes Backblech setzen. In den vorgeheizten Ofen auf die mittlere Schiene schieben und bei 200 Grad 25 Minuten backen.
Aus dem Ofen nehmen und abkühlen lassen. Die Schnitten einmal quer durchschneiden.
Für die Füllung Erdbeeren waschen. Entstielen. Gut abtropfen lassen. Halbieren. Mit Zucker bestreuen, mischen und zugedeckt 10 Minuten durchziehen lassen. In der Zwischenzeit die Sahne steif schlagen. Mit Vanillinzucker süßen.
Erdbeeren abtropfen lassen und auf die unteren Blätterteigschnitten verteilen. Sahne darübergeben. Mit den Teighälften belegen. Mit Puderzucker bestäuben. Ergibt 10 Stück.

Erdbeertorte mit Quarksahne

Zutaten:

Für den Teig: 250 g Mehl, 1 Ei, 1 Prise Salz, 150 g Butter oder Margarine, 100 g Zucker, 1 Päckchen Vanillinzucker, Mehl zum Bestäuben
Für den Belag: 6 Blatt weiße Gelatine, 500 g Magerquark, 1 Eigelb, 1 Glas Erdbeerlikör, 100 g Zucker, abgeriebene Schale 1 Zitrone (ungespritzt), 3/8 l Sahne, 300 g Erdbeeren.

Zubereitung:

Für den Teig Mehl auf ein Backbrett oder in eine Schüssel sieben. In die Mitte eine Mulde drücken. Ei und Salz hineingeben. Butter oder Margarine in Flöckchen auf den Mehlrand setzen. Zucker und den Vanillinzucker darüberstreuen. Von außen nach innen schnell einen glatten Teig kneten. 30 Minuten in den Kühlschrank stellen. Teig auf einer mit Mehl bestäubten Arbeitsfläche ausrollen und eine ungefettete Springform damit auslegen. Einen kleinen Rand andrücken. In den vorgeheizten Ofen auf die mittlere Schiene schieben und bei 220 Grad 20 Minuten backen lassen.

Form aus dem Ofen nehmen. Tortenboden aus der Springform lösen, auf dem Küchendraht auskühlen lassen.

Die Quarksahne zubereiten. Dazu Gelatine in kaltem Wasser einweichen. Quark mit Eigelb, Erdbeerlikör, Zucker und abgeriebener Zitronenschale glatt verrühren. Gelatine gut ausdrücken und in einen Topf geben. Etwas heißes Wasser zugeben. Bei geringer Hitze auflösen. Leicht abkühlen lassen. In die Quarkmasse rühren. Sahne steif schlagen. Ein Drittel davon in einen Spritzbeutel geben, den Rest Sahne unter die Quarkmasse heben. Tortenboden auf einer Tortenplatte mit dem Springformrand einlegen.

Quarksahne einfüllen. 20 Minuten in der Kühlschrank stellen.

Inzwischen Erdbeeren entstielen, in kaltem Wasser waschen. Sehr gut abtropfen lassen. Große Früchte halbieren. Torte aus dem Kühlschrank nehmen. Mitte mit Erdbeeren belegen. Sahnerand darum herum spritzen. Bis zum Servieren kalt stellen. Ergibt 12 Stücke.

Faschingskrapfen nach Wiener Art

Zutaten:
500 g Mehl, 40 g Hefe, 40 g Zucker, 1/8 l lauwarme Milch, 1 Päckchen Vanillinzucker, 1 Prise Salz, 1 Prise Kardamon, abgeriebene Schale 1/2 Zitrone (ungespritzt), 2 Eier, 1 Eigelb, 100 g Butter. Mehl zum Ausrollen
Für die Füllung: 180 g Aprikosenmarmelade, 2000 g Schweineschmalz oder Kokosfett zum Ausbacken, 150 g feiner Zucker zum Bestreuen

Zubereitung:
Zwei Drittel des Mehls in ein Schüssel sieben. In die Mitte eine Mulde drücken. Hefe hineinbröckeln. Mit einem Teelöffel Zucker, der Milch und etwas Mehl zu einem Vorteig rühren. Zugedeckt an einem warmen Ort 15 Minuten gehen lassen. Den restlichen Zucker, Vanillinzucker, Salz, Kardamon und Zitronenschale mit den Eiern, Eigelb und der zerlassenen, abgekühlten Butter und dem übrigen Mehl in der Schüssel mit dem Vorteig zu einem glatten Teig verkneten. Teig so lange schlagen, bis er Blasen wirft. Dann das restliche Mehl einkneten. Krapfenteig muß weich und zart, aber trocken sein. Wenn man zu große Eier verwendet, kann der Teig leicht klebrig werden. Dann noch etwas Mehl unterkneten. Ist der Teig zu fest, helfen ein bis zwei Eßlöffel lauwarme Milch. Teig zugedeckt an einem warmen Ort 20 Minuten aufgehen lassen. Dann auf bemehlter Fläche etwa 5 mm dick ausrollen. Auf der einen Teighälfte mit einer Rundform oder einem Glas Kreise von etwa 6 cm Durchmesser andeuten. Jeweils in die Mitte der Kreise einen Teelöffel Marmelade geben. Die andere Teig-

hälfte darüberklappen. Jetzt rund um die Marmeladehäufchen die Plätzchen ausstechen. Ränder dabei zusammendrücken. Teigreste wieder aufrollen und ebenso ausstechen.
Krapfen auf ein bemehltes Backbrett legen und noch mal 15 Minuten gehen lassen. In der Zwischenzeit Schweineschmalz oder Kokosfett in der Friteuse auf 180 Grad erhitzen. Immer 2 bis 3 Krapfen auf einmal mit einem Schaumlöffel vorsichtig ins heiße Fett gleiten lassen. Im geschlossenen Topf 3 Minuten schwimmend ausbacken. Den Deckel abnehmen. Krapfen umdrehen und in offenen Topf noch mal 3 Minuten ausbacken. Krapfen mit dem Schaumlöffel herausnehmen und auf Haushaltspapier abtropfen lassen. Mit Zucker bestreut noch warm servieren.
Ergibt 20 Stück.
Tip: Sie können Faschingskrapfen vom Vortag im vorgeheizten Backofen bei 180 Grad kurz aufbacken, um ihnen etwas von ihrer alten Frische zurückzugeben.

Flockentorte

Zutaten:

Für den Teig: 1/4 l Wasser, 50 g Butter, 1 Prise Salz, 150 g Mehl, 5 Eier, Margarine und Mehl zum Einfetten und Bestäuben
Für die Füllung: 250 g Magerquark, knapp 1/8 l Milch, 4 EL Zucker, 1/4 l Sahne, 1 Päckchen Vanillinzucker, 1 Dose Fruchtcocktail, 4 EL Puderzucker zum Bestäuben

Zubereitung:

Für den Brandteig das Wasser mit Butter und Salz in einem Topf aufkochen. Vom Herd neh-

men. Mehl auf einmal hineinschütten. Gut verrühren, wieder auf den Herd stellen. So lange rühren, bis sich ein Kloß und auf dem Topfboden eine weiße Haut bildet. Dann ist der Teig richtig. Topf wieder vom Herd nehmen. Ein Ei unterrühren. 5 Minuten abkühlen lassen. Dann die übrigen Eier nacheinander in den Teig mischen. Einen Springformboden mit Margarine einfetten, mit Mehl bestäuben und mit 1/3 des Teiges zu einem Tortenboden auslegen. Springformrand schließen. In den vorgeheizten Ofen auf die mittlere Schiene schieben und bei 220 Grad 20 Minuten backen.
Insgesamt 3 Tortenböden backen und auskühlen lassen.
Für die Füllung Quark mit Milch und Zucker sahnig rühren. Sahne mit Vanillinzucker steif schlagen. Gut abgetropften Fruchtcocktail mit dem Quark mischen. Sahne unterheben. Die Hälfte auf einem Tortenboden verteilen. Zweiten Tortenboden darauflegen. Übrige Füllung darauf glattstreichen. Dritten Tortenboden zerbröckelt auf die Quarkmischung streuen. Mit dem Puderzucker bestäuben.

Früchtebrot

Zutaten:

Für den Teig: 3 Eier, 150 g Farinzucker (brauner Zucker), 1 Päckchen Vanillinzucker, je 1 Prise Salz, gemahlene Nelken, Muskatblüte, Kardamom und Ingwer, abgeriebene Schale einer Orange (ungespritzt), 125 g Mehl, 1/2 Päckchen Backpulver, 50 g gehackte Mandeln, 100 g grob gehackte Haselnußkerne, je 100 g Feigen und Datteln, 100 g fein gehacktes Zitronat, 50 g fein

gehacktes Orangeat, je 75 g Korinthen und kernlose Rosinen, Mehl zum Bestäuben
Außerdem: Margarine zum Einfetten, 20 g gemahlene Haselnußkerne zum Ausstreuen
Für den Guß: 200 g Puderzucker, 1 Glas Rum
zum Garnieren: 10 Belegkirschen, 10 Mandelhälften

Zubereitung:
Eier, Zucker, Gewürze, Orangenschale, Mehl und Backpulver in einer Schüssel zu einem glatten Teig rühren, Mandeln und Haselnußkerne darunterrühren. Feigen und Datteln würfeln. Zitronat, Orangeat, die gewaschenen, abgetropften und trockengetupften Korinthen und Rosinen dazugeben. Alles mit wenig Mehl bestäuben, mischen und unter den Teig arbeiten. Eine Kastenform von etwa 20 cm Länge einfetten. Mit gemahlenen Haselnußkernen ausstreuen. Teig einfüllen. Im vorgeheizten Backofen auf der mittleren Schiene bei 180 Grad 100 Minuten backen. Nach 50 Minuten Backzeit mit Pergamentpapier abdecken. Form aus dem Ofen nehmen. Kuchen aus der Form lösen, auf einen Kuchendraht stürzen und abkühlen lassen. Inzwischen den Guß zubereiten: Gesiebten Puderzucker und Rum glattrühren. Belegkirschen halbieren. Den Kuchen abwechselnd mit Mandelhälften und Kirschen garnieren. In 20 Scheiben schneiden.

Fruchtsterne

Zutaten:
Für den Teig: 500 g Mehl, 30 g Hefe, 1 TL Zucker, 1/4 l lauwarme Milch, 80 g Zucker, abgeriebene Schale 1/2 Zitrone (ungespritzt), 1/2 TL Salz, 2 Ei-

gelb, 100 g Butter oder Margarine, 80 g gehackte Mandeln, Mehl zum Ausrollen, Margarine zum Einfetten, 1 Eigelb zum Bestreichen
Für den Belag: 80 g Belegkirschen, 50 g Zitronat im Stück, 80 g geschälte Mandeln, 50 g Rosinen, 30 g Pinienkerne

Zubereitung:
Mehl in eine Schüssel geben. In die Mitte eine Mulde drücken. Hefe hineinbröckeln. Mit Zucker, der halben Milchmenge und etwas Mehl vom Rand zum Vorteig verrühren. Zugedeckt an einem warmen Ort 15 Minuten gehen lassen. Zucker und Zitronenschale, Salz, Eigelb und das weiche Fett zugeben. Alles unterkneten. Teig so lange schlagen, bis er Blasen wirft und sich vom Schüsselrand löst. Mandeln unterkneten. Noch mal 20 Minuten gehen lassen. Teig 1 cm dick ausrollen. Sterne ausstechen. Auf das eingefettete Backblech legen und die Oberfläche mit verquirltem Eigelb bestreichen. Belegkirschen und Zitronat kleinschneiden. Sterne mit Belegkirschen, Zitronat, Mandeln, Rosinen und Pinienkernen belegen. In den vorgeheizten Ofen auf die mittlere Schiene schieben und bei 200 Grad 10 - 15 Minuten backen.

Fürst-Pückler-Bombe
(für 10 Personen)

Zutaten:
3/4 l Schlagsahne, 300 g Zucker, 200 g Schokoladenpulver, 150 g frische Erdbeeren, 60 g geriebene Makronen, 4 cl Maraschino, 200 g Rumtopffrüchte zum Garnieren, einige Tropfen rote Lebensmittelfarbe

Zubereitung:
Die Schlagsahne steifschlagen und in drei Schüsseln gleichmäßig verteilen. Den ersten Teil mit dem Schokoladenpulver verrühren und beiseite stellen. Die zweite Schüssel Sahne mit 150 g Zucker, Erdbeeren und einigen Tropfen roter Lebensmittelfarbe mischen. Den Rest Zucker, geriebene Makronen und den Maraschino mit der letzten Schüssel Sahne vermischen. Eine Eiskegelform oder ein ähnliches Gefäß kalt ausspülen und die verschiedenen Sahnesorten nacheinander einfüllen, dabei immer dazwischen die Masse glattstreichen. Zum Abschluß ein gefettetes Pergamentpapier darüberlegen. Im Eisschrank solange aufbewahren, bis die Masse gefroren ist. Eine Servierplatte bereithalten und die Form, damit sie sich besser stürzen läßt, mit kaltem Wasser abbrausen (bei hartnäckigen Fällen kurz in warmes Wasser tauchen). Das gestürzte Eis mit Rumtopffrüchten rundherum garnieren.

Grießschmarren

Zutaten:
125 g Grieß, 1 l Milch, 50 g Zucker, 1 Prise Salz, 50 g Butter, 50 g Fett für die Pfanne, Puderzucker

Zubereitung:
Die Milch mit Salz und Zucker aufkochen, den Grieß einrieseln, durchschlagen und vom Herd nehmen. Die Butter einrühren und in einer mit heißer Butter gefetteten Pfanne den Grießbrei ausbreiten. Im vorgeheizten Ofen von unten braun backen, dann mit zwei Gabeln in größere Stücke reißen und dabei wenden. Den gut

durchgebackenen Schmarren mit Puderzucker bestreuen und mit Kompott oder Backpflaumen servieren.

Haselnußkuchen

Zutaten:
Für den Teig: 300 g Butter oder Margarine, 250 g Zucker, 1 Prise Salz, 4 Eier, 250 g Mehl, 3 TL Backpulver, 200 g geriebene Haselnüsse, Margarine zum Einfetten
Für den Guß: 150 g Puderzucker, 2 EL Kakao, 3 EL Rum, 3 EL Wasser

Zubereitung:
Butter oder Margarine, Zucker und eine kräftige Prise Salz in einer Schüssel schaumig rühren. Nach und nach die Eier aufschlagen und dazugeben. Mehl und Backpulver mischen, sieben. Mit den Haselnüssen in die Schüssel geben. Rühren, bis der Teig reißend vom Löffel fällt. Eine Kastenform einfetten. Teig einfüllen. Auf die mittlere Schiene in den vorgeheizten Ofen stellen und bei 200 Grad 60 Minuten backen.
Für den Guß Puderzucker mit Kakao in einer Schüssel mischen. Mit Rum und Wasser glattrühren. Kuchen auf einen Kuchendraht stürzen, noch heiß mit dem Guß überziehen.

Hefezopf

Zutaten:
300 g Mehl, 25 g Hefe, 50 g Zucker, 1/8 l lauwarme Milch, 2 Eigelb, 1 Prise Salz, abgeriebene Schale 1/2 Zitrone (ungespritzt), 75 g Butter oder Margarine, 75 g kernlose Rosinen, 2 EL Rum, 30 g Zitronat, 30 g Orangeat, 50 g gehackte

Mandeln, Mehl zum Ausrollen, Margarine zum Einfetten, 1 Eigelb zum Bestreichen

Zubereitung:
Mehl in eine Schüssel sieben. In die Mitte eine Mulde drücken und die Hefe hineinbröckeln. Mit etwas Zucker, 3 EL Milch und wenig Mehl vom Rand zum Vorteig verrühren. Zugedeckt 15 Minuten an einem warmen Ort gehen lassen. Restlichen Zucker, Mehl, Eigelb, Salz, Zitronenschale und die weiche Butter oder Margarine in die Schüssel geben. Alles zu einem geschmeidigen Teig kneten. Teig so lange schlagen, bis er Blasen wirft und sich vom Schüsselboden löst. 30 Minuten gehen lassen.
In der Zwischenzeit die gewaschenen, abgetropften Rosinen mit Rum begießen und quellen lassen. Zitronat und Orangeat fein hacken. Mit den Rosinen und den Mandeln in den Teig kneten. Teig mit bemehlten Händen in drei Teile teilen. Jedes Teigstück etwa 4 cm breit ausrollen. Ein Backblech mit gefetteter Alufolie belegen. Die Teigstücke darauflegen. Am besten von der Mitte aus nach beiden Enden hin zu einem Zopf flechten. An den Enden etwas andrücken. Zopf noch mal 20 Minuten gehen lassen. Mit verquirltem Eigelb bestreichen und im vorgeheizten Ofen bei 200 Grad 35 Minuten backen.

Heidelbeerstrudel

Zutaten:

1 Paket Tiefkühlblätterteig, 300 g frische oder 1 Päckchen tiefgekühlte Heidelbeeren, 50 g Zucker, Mehl zum Ausrollen, 1 Ei, 50 g geriebene Haselnüsse, 1 TL Zimt

Zubereitung:

Blätterteig und eventuell tiefgekühlte Heidelbeeren nach Vorschrift auftauen. Frische Heidelbeeren in einer Schüssel mit kaltem Wasser waschen. Stiele und Blätter entfernen. Beeren auf einem Sieb gut abtropfen lassen, zuckern. Tiefgekühlte Beeren etwas weniger zuckern, weil sie meist schon gesüßt sind. Blätterteiglagen einzeln mit etwas kaltem Wasser betreichen, übereinande auf ein bemehltes Backbrett legen und zu einer dünnen Platte ausrollen. Ei aufschlagen. Eiweiß vom Eigelb trennen. Eiweiß mit einer Gabel leicht verschlagen. Teigplatte damit einstreichen. Nüsse und Zimt darüberstreuen, aber ringsum einen Rand von 3 cm lassen. Zum Schluß die gezuckerten Beeren auf die Nüsse verteilen. Den Strudel locker aufrollen. Enden zusammendrücken. Backblech mit Wasser befeuchten. Strudel vorsichtig daraufsetzen und mit verquirltem Eigelb bestreichen. Nicht die Nahtstellen. Backblech auf die mittlere Schiene in den vorgeheizten Ofen schieben und bei 200 Grad 35 Minuten backen.

Karlsbader Brezeln

Zutaten:

330 g Mehl, 140 g Butter, 1 Pckg. Backpulver, 1/8 l süßer Rahm, 1 Prise Salz, 2 Eier und 50 g Butter

Zubereitung:

Aus oben genannten Zutaten einen glatten Teig herstellen. Davon kleine Portionen abstechen, so daß der Teig für ca. 30 Brezeln reicht. Die fertigen Brezeln mit Butter einstreichen und bei 200 Grad 20 Minuten backen. Während des Backvorganges einmal mit Butter und zum Schluß mit verkleppertem Ei bestreichen.

Karnevalsbrezeln

Zutaten:

Für den Teig: 500 g Mehl, 40 g Hefe, 60 g Zucker, 1/4 l lauwarme Milch, 60 g Butter, 2 Eier, 1/4 TL Salz, Mehl zum Ausrollen, 2 EL Öl oder 2000 g reines Pflanzenfett zum Ausbacken
Für die Füllung: 3/8 l Sahne, 30 g Zucker, 50 g Puderzucker zum Bestäuben

Zubereitung:

Mehl in eine Schüssel sieben. In die Mitte eine Mulde drücken. Hefe hineinbröckeln. Einen Teelöffel Zucker darüberstreuen und mit der Hälfte der Milch und etwas Mehl vom Rand zum Vorteig verrühren. Mit einem Küchentuch bedeckt an einem warmen Platz in 15 Minuten zur doppelten Menge aufgehen lassen. In der Zwischenzeit die Butter zerlassen. Eier, Salz, restlichen Zucker und restliche Milch dazugeben. Diese Mischung zum Vorteig gießen und alles zu einem glatten Hefeteig kneten. Den Teig schlagen, bis er Blasen wirft und sich vom Schüsselrand löst. Zugedeckt 20 Minuten gehen lassen.
Den Teig in 50 g schwere Stücke aufteilen und diese zu Kugeln formen. Auf einer bemehlten Arbeitsfläche 20 cm lange Stränge daraus rollen

und einigen Minuten ruhen lassen. Dann auf eine Länge von 45 cm weiter rollen und daraus Brezeln formen. Ein Backblech mit einem Küchentuch belegen und mit Mehl bestäuben. Die Brezeln darauflegen und mit einem zweiten Küchentuch bedecken. An einem warmen Platz 20 Minuten gehen lassen. Fett in einem Topf oder in einer Friteuse auf 180 Grad erhitzen. Je zwei Brezeln vorsichtig ins Fett geben und auf beiden Seiten knusprig braun backen. Herausnehmen und auf Haushaltspapier abtropfen lassen. Die Brezeln vollständig erkalten lassen. Mit einem Messer waagerecht halbieren.
Für die Füllung Sahne mit Zucker steif schlagen und in einen Spritzbeutel mit Sterntülle füllen. Sahne auf die Schnittflächen der unteren Brezelhälften spritzen und das Oberteil daraufsetzen. Mit Puderzucker bestäuben. Ergibt 20 Stück.

Karlsbader Schnitten

Zutaten:
Für den Teig: 200 g Mehl, 100 g Zucker, 1 Prise Salz, 1 Eigelb, 65 g geriebene Mandeln, 1 Fläschchen Rum-Aroma, 100 g Butter oder Margarine, Mehl zum Ausrollen, Margarine zum Einfetten
Für die Füllung: 1/2 Glas Himbeermarmelade
Für den Guß: 200 g Puderzucker, 1 Fläschchen Rum-Aroma, 3 EL Wasser
Zum Garnieren: 50 g Kuvertüre und 15 Walnußhälften

Zubereitung:
Mehl auf ein Backbrett sieben. In die Mitte eine Mulde drücken. Zucker, Salz, Eigelb, Mandeln und Rum-Aroma hineingeben. Butter oder Margarine in Flöckchen auf dem Rand verteilen. Von außen nach innen schnell einen Mürbeteig kneten. 30 Minuten zugedeckt in den Kühlschrank stellen. Teig auf einem bemehlten Backbrett 1/2 cm dick ausrollen. 8 x 6 cm große Rechtecke ausschneiden. Auf ein gefettetes Backblech legen. Backblech in den vorgeheizten Ofen auf die mittlere Schiene schieben und bei 220 Grad 10 Minuten backen.

Herausnehmen, auf einem Kuchendraht abkühlen lassen. Himbeermarmelade in einer Schüssel glattrühren. Die Hälfte der Plätzchen damit bestreichen. Die anderen daraufsetzen. Puderzucker mit Rum-Aroma und Wasser in einem Schüsselchen verrühren. Schnitten damit bestreichen. Kuvertüre im Wasserbad auflösen. In den Spritzbeutel (kleine Tülle) füllen und die Schnitten damit garnieren. Je eine Walnußhälfte in die Mitte setzen. Ergibt 15 Stück.

Käse-Kirsch-Kuchen

Zutaten:
Für den Teig: 200 g Mehl, 80 g Zucker, 1 Prise Salz, abgeriebene Schale einer Zitrone (ungespritzt), 1 Ei, 100 g Butter oder Margarine, Mehl zum Bestäuben
Für die Füllung: 500 g Quark, 2 Eier, 80 g Zucker, 1 Prise Salz
Für den Belag: 500 g Süßkirschen aus der Dose, 1/4 l Kirschsaft, 1 EL Zucker, 1 Päckchen roter Tortenguß

Zubereitung:
Mehl auf ein Backbrett oder in eine Schüssel sieben. In die Mitte eine Mulde drücken. Zucker, Salz, Zitronenschale und Ei hineingeben. Butter oder Margarine in Flöckchen auf dem Mehlrand verteilen. Von außen nach innen schnell einen glatten Teig kneten. 30 Minuten zugedeckt in den Kühlschrank stellen. Backbrett oder Arbeitsfläche mit Mehl bestäuben. Teig darauf zur runden Platte ausrollen. In die ungefettete Springform (Durchmesser 24 cm) geben. Hohen Rand arbeiten. Boden mit der Gabel mehrmals einstechen.
Für die Füllung Quark in einer Schüssel mit Eiern, Zucker und Salz schaumig rühren. Auf dem Teig verteilen. Form in den vorgeheizten Ofen auf die mittlere Schiene stellen und bei 200 Grad 75 Minuten backen.
Kuchen aus dem Ofen nehmen. Aus der Springform auf einen Kuchendraht gleiten und auskühlen lassen. Kirschen abtropfen lassen. Saft auffangen. Kuchen mit den Kirschen belegen. Kirschsaft und Zucker in einem Topf aufkochen. Mit nach Vorschrift angerührtem Tortenguß binden. Über die Früchte verteilen. In 12 Stücke schneiden.

Käse-Sahne-Torte

Zutaten:
Für den Teig: 150 g Mehl, 1 Ei, 50 g Zucker, 1 Prise Salz, 100 g Butter oder Margarine
für die Füllung: 2 Eier, 150 g Zucker, 1 Päckchen Vanillinzucker, 1 Prise Salz, 500 g Sahnequark, abgeriebene Schale und Saft einer Zitrone (ungespritzt), 6 Blatt weiße Gelatine, 4 EL heißes

Wasser, 1 kleine Dose Mandarin-Orangen, 1/4 l Sahne
Zum Garnieren: 50 g geraspelte Schokolade

Zubereitung:
Für den Teig Mehl auf ein Backbrett oder in eine Schüssel sieben. In die Mitte eine Mulde drücken. Aufgeschlagenes Ei, Zucker und Salz hineingeben. Butter oder Margarine in Flöckchen auf dem Mehlrand verteilen. Von außen nach innen schnell einen Mürbeteig kneten. 30 Minuten zugedeckt in den Kühlschrank stellen. Teig in die Springform packen. Mit einem Pfannenmesser glattstreichen. Keinen Rand arbeiten. Form in den vorgeheizten Ofen auf die mittlere Schiene stellen und bei 220 Grad 20 Minuten backen. Springform aus dem Ofen nehmen. Tortenboden auf dem Kuchendraht abkühlen lassen.
Für die Füllung Eier, Zucker, Vanillinzucker und die Prise Salz in einer Schüssel schaumig rühren. Quark, Zitronenschale und -saft zugeben. Kräftig schlagen. Gelatine zusammengerollt in einen Becher geben. Mit kaltem Wasser bedeckt 5 Minuten einweichen. Ausdrücken und in heißem Wasser auflösen. In die Quarkmasse rühren. Von den abgetropften Mandarin-Orangen-Schnitzen 12 zum Garnieren zurücklassen. Die übrigen halbieren und unter die Quarkmasse mischen. Sahne in einer Schüssel steif schlagen und unterheben. Abgekühlten Tortenboden wieder in die Springform geben. Rand glatt mit Pergamentpapier auskleiden. Quarkmasse einfüllen und die Oberfläche glattstreichen. Für 120 Minuten in den Kühlschrank stellen. Käse-Sahne-Torte nach der Kühlzeit aus dem Kühlschrank auf einen Tortenteller gleiten lassen. Mit einem scharfen Messer

12 Stücke auf der Oberfläche andeuten. Auf das breite Ende je einen Mandarinenschnitz legen. Vor die Schnitze, also in die kleine Ausbuchtung, kommt etwas geraspelte Schokolade. Torte bis zum Servieren wieder in den Kühlschrank stellen.

Kirschstrudel

Zutaten:
1 Paket Tiefkühlblätterteig, Mehl zum Ausrollen
Für die Füllung: 50 g Biskuitbrösel, 1 EL Kirschwasser, 500 g entsteinte, abgetropfte Kirschen aus dem Glas, 1 Eigelb zum Bestreichen
Für die Glasur: 40 g Puderzucker, 2 - 3 TL Zitronensaft
Zum Bestreuen: 2 TL gehackte Pistazien

Zubereitung:
Blätterteig auftauen lassen. Platten aneinanderlegen und auf einer bemehlten Arbeitsfläche zu einem Rechteck von 50 x 35 cm ausrollen. In der Mitte einen 8 cm breiten Streifen mit Bröseln bestreuen und mit Kirschwasser beträufeln. Die Kirschen auf die Biskuitbrösel legen. Teig oben und unten über die Kirschen legen und mit Eigelb bestreichen. Die linken und rechten Teigseiten darüberschlagen. Strudel auf ein mit Wasser abgespültes Blech setzen. Oberfläche mit Eigelb bestreichen und mit einer Gabel oder Stricknadel öfter einstechen, damit der Dampf beim Backen entweichen kann. Blech in den vorgeheizten Ofen auf die mittlere Schiene stellen und bei 210 Grad 25 Minuten backen. Für die Glasur Puderzucker und Zitronensaft verrühren und den Strudel damit bestreichen. Mit Pistazien bestreuen. Ergibt 10 Schnitten von 5 cm Breite.

Königskuchen

Zutaten:
100 g Rosinen, 2 EL Rum, 250 g Butter oder Margarine, 200 g Zucker, 1 Päckchen Vanillinzucker, 1 Prise Salz, 4 Eigelb, abgeriebene Schale einer Zitrone (ungespritzt), 200 g Mehl, 50 g Speisestärke, 1/2 TL Backpulver, 2 EL Milch, 70 g gehackte Mandeln, 70 g Zitronat, 4 Eiweiß, Margarine zum Einfetten, 30 g Puderzucker zum Bestäuben

Zubereitung:
Rosinen mit heißem Wasser abspülen und sehr gut abtropfen lassen. In eine Schüssel geben. Mit dem Rum beträufelt, 15 Minuten ziehen lassen. Butter oder Margarine mit Zucker, Vanillinzucker und Salz in einer Schüssel schaumig rühren. Eigelb nach und nach unterrühren. Die abgeriebene Zitronenschale dazugeben. Mehl, Speisestärke und Backpulver mischen, sieben und abwechselnd mit der Milch in den Teig rühren. Gehackte Mandeln, gewürfeltes Zitronat und abgetropfte Rosinen zufügen. Eiweiß in einer Schüssel steif schlagen und unterheben. Kastenform mit Margarine einfetten. Teig einfüllen, glattstreichen und im vorgeheizten Ofen auf der mittleren Schiene bei 200 Grad 60 Minuten backen.
Vor dem Servieren mit Puderzucker bestäuben.

Krokanttorte

Zutaten:
Für den Teig: 5 Eier, 2 EL heißes Wasser, 200 g Zucker, 150 g Mehl, 2 TL Backpulver, 100 g geriebene Mandeln, Margarine oder Öl zum Einfetten
Für Füllung und Garnierung: Öl zum Einfetten,

150 g Zucker, 150 g gehackte Mandeln, 1 l Sahne, 1 EL Puderzucker, 2 Päckchen Vanillinzucker

Zubereitung:

Für den Teig Eier in eine Schüssel geben. Mit dem heißen Wasser schaumig schlagen. Nach und nach Zucker einrieseln lassen. Schlagen, bis die Masse weiß und cremig ist. Mehl mit Backpulver und geriebenen Mandeln mischen. Auf die Eierschaummasse sieben. Locker unterheben. Den Boden einer Springform mit einem Durchmesser von 26 cm einfetten. Teig einfüllen. In den vorgeheizten Ofen auf die mittlere Schiene stellen und bei 180 Grad 35 - 40 Minuten backen. Aus dem Ofen nehmen. Auf einem Kuchendraht auskühlen lassen.

In der Zwischenzeit die Füllung und Garnierung vorbereiten. Dazu ein Backblech mit Alufolie auslegen und gut mit Öl bestreichen. Zucker in einer Pfanne unter Rühren schmelzen und goldgelb werden lassen. Mandeln einstreuen. Mit der Karamelmasse verrühren. Auf die Alufolie streichen. Mit dem Messerrücken 12 kleine Dreiecke eindrücken. Krokant 15 Minuten erkalten lassen. Dreiecke vorsichtig abbrechen. Restlichen Krokant fein zerbröckeln. Sahne steif schlagen. Mit Puderzucker und Vanillinzucker süßen. Etwa 1/3 der Sahne für die Garnierung kühlstellen. Zerbröckelten Krokant unter die übrige Sahne heben. Torte zweimal durchschneiden. Mit der Krokantsahne füllen und zusammensetzen. Rand und Oberfläche der Torte mit Sahne bestreichen. 12 Stücke markieren. Restliche Sahne in einen Spritzbeutel geben. Je einen dicken Sahnetupfer auf ein Stück setzen. Die Krokantdreiecke hineinstecken. Bis zum Servieren kühl stellen.

Linzer Schnitten

Zutaten:
Für den Teig: 250 g Mehl, 1 Prise Salz, 100 g Zucker, 4 Eigelb, 125 g Butter oder Margarine
Für die Füllung: 1 Glas Aprikosenkonfitüre, 2 Glas Rum, 150 g geriebene Mandeln, Mehl zum Bestäuben, 1 Ei zum Bestreichen, Zucker zum Bestreuen

Zubereitung:
Mehl auf ein Backbrett sieben. In die Mitte eine Vertiefung drücken. Salz, Zucker und Eigelb hineingeben. Kühle Butter oder Margarine in Flöckchen auf den Mehlrand setzen. Zutaten mit einem Teigmesser mischen. Mit kühlen Händen schnell zu einem glatten Teig kneten. Den Teig in einer zugedeckten Schüssel 30 Minuten in den Kühlschrank stellen.
Für die Füllung Konfitüre, Rum und Mandeln verrühren. Aus 2/3 des Teiges eine 5 mm dicke Platte ausrollen. Backblech mit Mehl bestäuben, die Teigplatte auf 3/4 des Bleches legen und mit der Füllung bestreichen. Den Blechrand mit Pergamentpapierstreifen auskleiden, damit sich der fertige Kuchen besser löst. Den restlichen Teig 2 mm dick ausrollen. Mit dem Kuchenrad 1 1/2 cm breite Streifen ausradeln und gitterartig über die Füllung legen. Teigstreifen mit verquirltem Ei bestreichen und mit Zucker bestreuen.
Blech im vorgeheizten Ofen auf der mittleren Schiene bei 220 Grad 35 Minuten backen. Aus dem Ofen nehmen, Papierstreifen herausziehen und den Kuchen noch warm quer in 3 cm breite und 6 cm lange Stücke schneiden. Auf einem Kuchendraht erkalten lassen. Ergibt 45 Stück.

Mandelspekulatius

Zutaten:
500 g Mehl, 250 g gekühlte Butter, 250 g Farinzucker, 2 Eier, 1 TL gemahlener Zimt, 1 TL gemahlene Nelken, 1/2 TL gemahlener Kardamom, 1/2 TL Backpulver, Mehl zum Bestäuben, 125 g blättrige Mandeln, Margarine zum Einfetten

Zubereitung:
Mehl und Butter in Flöckchen in eine Schüssel geben. Butter mit dem Mehl zerkrümeln. Zucker, Eier, die Gewürze und Backpulver darübergeben und alles schnell zu einem geschmeidigen Teig kneten. Teig zugedeckt an einem kühlen Ort über Nacht stehenlassen. Teig auf einem bemehlten Backbrett nochmals durchkneten. Model mit Mehl bestäuben und den Teig stückweise in die Model drücken. Mit einem bemehlten Messer den überstehenden Teig abschneiden. Teigreste kühl stellen und dann weiterverarbeiten. Mandelblätter auf die Spekulatius drücken. Backblech gut einfetten. Spekulatius vorsichtig aus den Model heben und mit der Mandelseite auf das Blech legen. In den vorgeheizten Ofen auf die mittlere Schiene schieben und bei 200 Grad 10 Minuten backen. Ergibt 144 Stück.

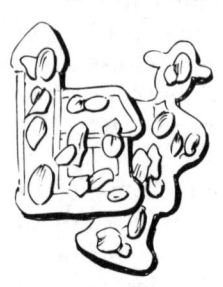

Maraschino-Torte

Zutaten:
Für den Teig: 4 Eigelb, 4 EL heißes Wasser, 150 g Zucker, 1 Prise Salz, abgeriebene Schale einer Zitrone (ungespritzt), 4 Eiweiß, 100 g Speisestärke, 100 g Mehl, Margarine zum Einfetten
Für die Creme: 1/4 l Milch, 1 Vanillestange, 2 EL Speisestärke, 200 g Butter, 200 g Zucker, 2 Glas Maraschinolikör, außerdem: 200 g Orangenmarmelade
Zum Garnieren: 12 dünne, kandierte Zitronenscheiben, 12 Maraschinokirschen

Zubereitung:
Für den Biskuitteig Eigelb und Wasser schaumig rühren. Nach und nach 100 g Zucker, Salz und Zitronenschale einrühren. Schlagen, bis die Masse weiß und cremig ist. Eiweiß steif schlagen. Dabei nach und nach den restlichen Zucker dazugeben. Eischnee auf die Eigelbmasse gleiten lassen. Speisestärke und Mehl mischen, darüber sieben und unterheben. Boden einer Springform von 24 cm Durchmesser einfetten. Teig einfüllen. Form in den vorgeheizten Ofen auf die mittlere Schiene stellen und bei 200 Grad 40 Minuten backen. Form aus dem Ofen nehmen. Tortenboden aus der Form lösen. Auskühlen lassen.
In der Zwischenzeit die Creme zubereiten. Dazu Milch mit der aufgeschnittenen Vanillestange zum Kochen bringen. Die Stange herausnehmen. Speisestärke mit etwas Wasser glattrühren. Milch damit binden, kurz aufkochen lassen. Vom Herd nehmen und erkalten lassen. Häufig umrühren. In der Zwischenzeit Butter und Zucker schaumig rühren. Dann eßlöffelweise die Vanillecreme und

den Maraschinolikör einrühren. Erkalteten Tortenboden in 3 Platten mit je der Hälfte der Marmelade und dann 1/3 der Creme bestreichen. Zusammensetzen. Mit der dritten Platte bedecken. Die Oberseite und die Ränder mit der restlichen Creme bestreichen.
60 Minuten kühlstellen. Mit kandierten Zitronenscheiben und Maraschinokirschen garnieren.

Marmorkuchen

Zutaten:

250 g Butter oder Margarine, 1 Päckchen Vanillinzucker, 1 Prise Salz, 250 g Zucker, 4 Eier, 500 g Mehl, 1 Päckchen Backpulver, 1/8 l Milch, 50 g gehackte Mandeln, 50 g Blockschokolade, 40 g Kakao, 2 EL Rum, 4 EL Milch, Margarine zum Einfetten, 2 EL Puderzucker zum Bestäuben

Zubereitung:

Butter oder Margarine in einer Schüssel schaumig rühren. Vanillinzucker, Salz und eßlöffelweise 200 g Zucker zufügen. Nacheinander die Eier dazurühren. Mehl und Backpulver mischen, sieben. Abwechselnd mit der Milch unterrühren. 1/3 des Teiges abnehmen. In den übrigen Teig die Mandeln mischen. Blockschokolade in eine Schüssel reiben. Mit Kakao, dem restlichen Zucker, Rum und Milch mischen. Unter das abgenommene Teigdrittel rühren. Eine Napfkuchenform einfetten. Erst die Hälfte des hellen Kuchenteiges, dann den dunklen Teig und zum Schluß den restlichen hellen Teig einfüllen. Mit einer Gabel oder einem Holzstiel spiralenförmig durch den eingeschichteten Teig ziehen. So kommt die Marmorierung zustande.

In den vorgeheizten Ofen auf die untere Schiene stellen und bei 180 Grad 90 Minuten backen. Mit Puderzucker bestäubt servieren.

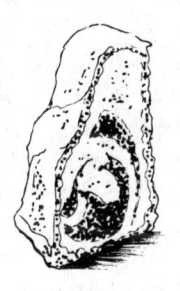

Marzipanschnitten

Zutaten:
1 Paket Tiefkühlblätterteig, 30 g Marzipanrohmasse, 1 Ei

Zubereitung:
Aufgetaute Teigscheiben halbieren. Mit Marzipanmasse belegen. Teigränder mit Eiweiß bestreichen. Zusammenklappen. Ränder mehrmals kammartig einschneiden. Mit verquirltem Eigelb bestreichen. Auf einem mit kaltem Wasser abgespülten Backblech 15 Minuten ruhen lassen. In den vorgeheizten Ofen schieben und bei 220 Grad 25 Minuten backen.

Neujahrsbrezel

Zutaten:
350 g Mehl, 20 g Hefe, 1/10 l lauwarme Milch, 50 g Butter, 3 EL saure Sahne, 1 Ei, 40 g Zucker, 1/4 TL Salz, 1 Messerspitze Muskat, abgeriebene

Schale 1/2 Zitrone (ungespritzt), Mehl zum Ausrollen, Margarine zum Einfetten, 1 Eigelb zum Bestreichen

Zubereitung:

Für den Teig Mehl in eine Schüssel sieben. In die Mitte eine Mulde drücken. Hefe hineinbröckeln. Mit Milch und Mehl zum Vorteig verrühren und 15 Minuten gehen lassen. Butter flüssig werden lassen und mit saurer Sahne, Ei, Zucker, Salz, Muskat und Zitronenschale zum Vorteig geben. Zu einem glatten, festen Hefeteig kneten. Teig 15 Minuten zugedeckt an einem warmen Ort gehen lassen. Aus dem Teig 3 Stränge von 50 cm Länge rollen. Die Stränge sollen zu den Enden hin dünner werden. Davon einen Zopf flechten und diesen zu einer Brezel legen. Auf ein gefettetes Backblech geben und zugedeckt an einem warmen Ort noch mal 20 Minuten gehen lassen. Oberfläche mit Eigelb bestreichen. In den vorgeheizten Ofen auf die mittlere Schiene stellen und bei 200 Grad 20 Minuten backen.

Neujahrstorte

Zutaten:

Für den Teig: 500 g Mehl, 200 g Butter oder Margarine, 1 Ei, 1 Prise Salz, 3 EL saure Sahne
Für die Mohnfüllung: 200 g gemahlener Mohn, 50 g Butter, 50 g Zucker, 50 g kernlose Rosinen, 1 EL Honig, 4 EL Rum, 1 Päckchen Vanillinzucker, 1/10 l kochendes Wasser
Für die Nußfüllung: 150 g gemahlene Haselnußkerne, 2 EL Zucker, 1 Messerspitze Zimt, 1/20 l heiße Milch
Für die Apfelfüllung: 500 g Äpfel (Boskop), Saft

1/2 Zitrone, 75 g Zucker
Außerdem: Mehl zum Ausrollen, 4 EL rotes Johannisbeergelee, 1 Eigelb zum Bestreichen

Zubereitung:
Für den Teig Mehl, das weiche Fett, Puderzucker, Ei, Salz und saure Sahne mit dem Handrührgerät zu einem geschmeidigen Teig kneten. Zugedeckt 30 Minuten kühlen.
Für die Mohnfüllung Mohn, zerlassene Butter, Zucker, die gewaschenen, abgetropften Rosinen, Honig, Rum und Vanillinzucker verrühren. Das kochende Wasser darübergießen. Unter ständigem Rühren aufkochen und 5 Minuten kochen lassen. Abkühlen.
Für die Nußfüllung Haselnüsse, Zucker und Zimt in die Milch rühren.
Für die Apfelfüllung die Äpfel abspülen, schälen, vierteln, entkernen und quer in 3 mm dicke Scheiben schneiden. Mit Zitronensaft beträufeln und mit Zucker bestreuen.
Den Teig auf der bemehlten Arbeitsfläche 2 mm dick ausrollen. Drei runde Platten mit einem Durchmesser von 26 cm ausschneiden. Aus den Resten Teigstreifen für Rand und Gitter schneiden. Die erste Teigplatte in eine Springform gleicher Größe legen. Mohnfüllung daraufstreichen. Darüber den zweiten Boden und die Nußfüllung. Mit dem dritten Boden bedecken. Darauf das Gelee streichen. Apfelfüllung darauf verteilen. Mit einem Teiggitter belegen. Teigstreifen mit Eigelb besteichen.
Form in den vorgeheizten Ofen auf die mittlere Schiene stellen und bei 200 Grad 80 Minuten backen.
Torte abkühlen lassen. In 16 Stücke schneiden.

Orangentorte

Zutaten:
Für den Teig: 180 g Mehl, 100 g Zucker, 1 Päckchen Vanillinzucker, abgeriebene Schale 1/2 Zitrone (ungespritzt), 1 Ei, 120 g kalte Butter oder Margarine, Mehl zum Ausrollen
Für den Belag: 1000 g kleine Orangen, 200 g Orangenmarmelade, 1 Glas Grand Marnier
Zum Garnieren: 4 kandierte Orangenscheiben, 6 kandierte Kirschen

Zubereitung:
Für den Mürbeteig Mehl auf ein Backbrett oder die Arbeitsfläche sieben. In die Mitte eine Mulde drücken. Zucker, Vanillinzucker, Zitronenschale und das Ei hineingeben. Die gut gekühlte Butter oder Margarine in Flöckchen auf den Rand setzen. Mit einem Messer alle Zutaten von innen nach außen hacken. Dann mit kühlen Händen schnell einen geschmeidigen Teig kneten. Teig zugedeckt 30 Minuten im Kühlschrank ruhen lassen. Dann auf bemehltem Backbrett in der Größe einer Tortenbodenform von 24 cm Durchmesser ausrollen. Form mit dem Teig auslegen. Auf die mittlere Schiene in den vorgeheizten Ofen stellen und bei 220 Grad 25 Minuten backen.
Form aus dem Ofen nehmen. Tortenboden aus der Form lösen. Auf einem Kuchendraht abkühlen lassen. Orangen schälen, auch die weiße Haut abziehen. In Schnitze teilen. Von den Schnitzen vorsichtig die dünne Seitenhaut lösen. Boden spiralförmig mit den Schnitzen belegen. Marmelade in einem Topf mit Grand Marnier mischen und erhitzen. Die Torte damit überziehen.

In 12 Stücke schneiden.
Jedes Stück mit 1/3 Orangenscheibe und 1/2 kandierten Kirsche garnieren.

Osterfladen

Zutaten:
Für den Teig: 500 g Mehl, 30 g Hefe, 1 gehäufter EL Zucker, 1/4 l lauwarme Milch, 1 Prise Salz, 2 Eigelb, 100 g flüssige Butter oder Margarine
Für den Belag: 750 g Äpfel, 50 g Zucker, 100 g Korinthen, 50 g gehackte Mandeln, Mehl zum Ausrollen, Margarine zum Einfetten, 1 Eigelb zum Bestreichen

Zubereitung:
Für den Teig Mehl in eine Schüssel sieben. In die Mitte eine Mulde drücken. Hefe hineinbröckeln. Zucker darüberstreuen. Mit etwas Milch zum Vorteig verrühren. Etwas Mehl vom Rand darüberstäuben. Mit einem Küchentuch bedeckt 15 Minuten an einem warmen Platz aufgehen lassen. Restliche Milch, Salz, Eigelb und die flüssige Butter oder Margarine zufügen. Zu einem geschmeidigen Teig kneten. Schlagen, bis er Blasen wirft und sich vom Schüsselrand löst. Zugedeckt noch mal 30 Minuten gehen lassen.

In der Zwischenzeit für den Belag Äpfel schälen. In dünne Scheiben schneiden. Dabei Kerngehäuse entfernen. Äpfel in eine Schüssel geben. Zucker darüberstreuen. Korinthen auf einem Sieb mit heißem Wasser abbrausen, sehr gut abtropfen lassen oder in einem sauberen Küchentuch trockenreiben. Mit den Mandeln zu den Äpfeln geben. Zugedeckt beiseite stellen. Teig auf der bemehlten Arbeitsfläche ausrollen. Füllung auf die Teigmitte verteilen. Erst die Schmalseite, dann die Längsseite zur Mitte zusammenschlagen. Auf ein gefettetes Backblech legen. Eigelb in einer Tasse verquirlen. Osterfladen damit bestreichen. In den vorgeheizten Ofen auf die mittlere Schiene schieben und bei 200 Grad 55 Minuten backen.
Herausnehmen. Auf einem Kuchendraht abkühlen lassen.

Osterlamm

Zutaten:

Für den Teig: 150 g Butter oder Margarine, 150 g Zucker, 1 Prise Salz, 1 Päckchen Vanillinzucker, 4 Eier, 3 EL Rum, 150 g Speisestärke, 1 Päckchen Backpulver, 150 g Mehl
Für das weiße Lamm: 75 g gemahlene Haselnüsse, Margarine zum Einfetten
Für das braune Lamm: 2 EL Kakao, 30 g Zucker, 75 g Nougat
Für die Glasur (weißes Lamm): 75 g Puderzucker, 2 EL Zitronensaft, 2 gehäufte EL Kokosflocken
Für die Glasur (braunes Lamm): 75 g Puderzucker, 1 TL Kakao, 2 EL Rum, 3 EL Schokoladenstreusel

Zubereitung:
Für den Teig Fett schaumig rühren. Nach und nach Zucker, Salz, Vanillinzucker, Eier und Rum einrühren. Das mit Speisestärke und Backpulver vermischte Mehl sieben und unterziehen. Die Teigmenge halbieren.

Für das weiße Lamm die Haselnüsse in die eine Teighälfte geben. Lammform einfetten und den Teig einfüllen. Form in den vorgeheizten Ofen auf die mittlere Schiene stellen und bei 200 Grad 45 Minuten backen.

Lamm etwas abkühlen lassen, dann aus der Form lösen.

Für das braune Lamm den restlichen Teig mit Kakao, Zucker und dem geschmolzenen Nougat verrühren. Die Form reinigen, einfetten und den Teig einfüllen. Backzeit und Temperatur wie beim hellen Lamm.

In der Zwischenzeit für das helle Lamm die Glasur zubereiten. Den gesiebten Puderzucker mit Zitronensaft glattrühren. Das Lamm damit bestreichen und mit Kokosflocken bestreuen. Glasur erstarren lassen.

Für das braune Lamm den gesiebten Puderzucker und Kakao mischen und zusammen mit Rum verrühren. Das etwas abgekühlte, aus der Form gelöste Lamm damit bestreichen und mit Schokoladenstreusel bestreuen.

Osterzopf

Zutaten:
Für den Teig: 500 g Mehl, 40 g Hefe, knapp 1/4 l lauwarme Milch, 100 g Zucker, 1 Päckchen Vanillinzucker, 1 Prise Salz, 1 Ei, 100 g Butter oder Margarine, 150 g kernlose Rosinen, 50 g Orangeat

Außerdem: Margarine zum Einfetten, 5 ausgeblasene Eier, Butter zum Bestreichen, 5 hartgekochte, buntgefärbte Eier

Zubereitung:
Für den Teig Mehl in eine Schüssel sieben. In die Mitte eine Mulde drücken. Hefe hineinbröckeln. Mit Milch, etwas Zucker und etwas Mehl zum Vorteig verrühren. Mit etwas Mehl bestäuben. An einem warmen Ort zugedeckt 15 Minuten gehen lassen.

Dann den restlichen Zucker, Vanillinzucker, Salz, Ei und die geschmolzene Butter oder Margarine dazugeben. Alles zu einem festen Teig kneten. Rosinen in heißem Wasser waschen. Auf einem Sieb abtropfen lassen. Dann in einem Küchentuch trockenreiben. Orangeat fein hacken. Rosinen und Orangeat unter den Teig kneten. Teig so lange schlagen, bis er Blasen wirft und sich vom Schüsselrand löst. Zugedeckt noch mal 30 Minuten gehen lassen.

Teig auf einem bemehlten Backbrett oder der Arbeitsfläche zu zwei Rollen von etwa 5 cm Furchmesser formen. Zu einem Zopf formen. Backblech mit Margarine einfetten. Zopf auf dem Blech zu einem Kranz schließen. Ausgeblasene Eier in die Zopföffnung drücken. Mit einem Küchentuch bedeckt noch mal 15 Minuten gehen lassen. Mit zerlassener Butter bestreichen. Auf die mittlere Schiene in den vorgeheizten Ofen schieben und bei 200 Grad 45 Minuten backen.

Zopf aus dem Ofen nehmen, auf eine runde Kuchenplatte geben. Die ausgeblasenen Eier gegen die gefärbten Eier austauschen. Zopf in 5 Stücke teilen.

Pfeffernüsse

Zutaten:
500 g Zucker, 500 g Mehl, 2 Eier, 100 g Butter, 1 EL Backpulver, je 1 Msp. Nelken, Zimt, Anis, Kardamom, Muskat, 50 g Zitronat, 50 g Orangeat

Zubereitung:
Das mit Backpulver vermischte Mehl auf eine Arbeitsplatte sieben und in der Mitte eine Vertiefung bilden. Die übrigen Zutaten hineingeben und einen festen Teig herstellen. Dabei sollte das Zitronat und Orangeat erst nach dem Vorkneten des Teiges zugegeben werden. Den Teig ausrollen (1 cm dick) und Pfeffernüsse ausstechen. (In alten Zeiten wurden kleine Kugeln geformt; heute werden sie zumeist mit einer runden Form von ca. 2 1/2 cm Durchmesser ausgestochen). Auf ein mit Backpapier belegtes Blech setzen und über Nacht abtrocknen lassen. Bei 150 bis maximal 170 Grad 15 Minuten backen. Nach Belieben Puderzucker vermischt mit Arrak oder Kirschwasser und Zitrone überziehen.

Pflaumenkuchen

Zutaten:
1/4 l lauwarme Milch, 30 g Hefe, 500 g Mehl, 75 g Zucker, 1 Prise Salz, abgeriebene Schale einer Zitrone (ungespritzt), 100 g Butter oder Margarine, Margarine zum Einfetten, 1500 g Pflaumen, 200 g Zucker

Zubereitung:
Milch mit zerbröckelter Hefe und 50 g Mehl in einer Schüssel verrühren. Zugedeckt an einem

warmen Ort 15 Minuten gehen lassen. Restliches Mehl in eine andere Schüssel sieben. Mit Zucker, Salz, Zitronenschale und der weichen Butter oder Margarine mischen. Hefemischung hineinrühren, Teig gut verkneten. So lange schlagen, bis er Blasen wirft und sich vom Schüsselrand löst. Backblech mit Margarine einfetten. Teig daraufgeben und dünn ausrollen. An die offene Blechseite einen hochgeknickten Alufolienstreifen legen, damit der Teig beim Backen nicht herunterläuft. Mit einem Küchentuch bedeckt 30 Minuten gehen lassen.

Pflaumen waschen, abtrocknen, entsteinen. Schuppenförmig (Hautseite nach unten) auf den Teig legen. Mit 100 g Zucker bestreuen. In den vorgeheizten Ofen auf die mittlere Schiene schieben und bei 220 Grad 30 Minuten backen. Kuchen herausnehmen und mit dem restlichen Zucker bestreuen. Erkalten lassen und in 25 Stücke schneiden.

Quarktorte mit Himbeeren

Zutaten:
Für den Teig: 175 g Mehl, 1 Ei, 75 g Zucker, 1 Päckchen Vanillinzucker, 1 Prise Salz, 100 g Butter oder Margarine, Mehl zum Ausrollen

Für die Füllung: 500 g Quark, 6 Blatt weiße Gelatine, 4 EL heiße Milch, 4 EL Zucker, 2 EL Himbeergeist, 1/4 l Sahne, 500 g Himbeeren (frisch oder tiefgekühlt), 2 EL Zucker

Zubereitung:
Für den Teig Mehl auf die Arbeitsfläche sieben. In die Mitte eine Mulde drücken. Ei hineingeben. Zucker, Vanillinzucker und Salz darüberstreuen. Die gut gekühlte Butter oder Margarine in Flöckchen auf den Mehlrand setzen. Von außen nach innen mit einem Messer hacken. Mit kühlen Händen schnell zu einem geschmeidigen Teig kneten. Zugedeckt 30 Minuten im Kühlschrank ruhen lassen. Teig auf der bemehlten Arbeitsfläche in Springformgröße (Durchmesser 26 cm) ausrollen. Springform damit auslegen. Boden mit einer Gabel mehrmals einstechen. In den vorgeheizten Ofen auf die mittlere Schiene stellen und bei 200 Grad 20 Minuten backen.
Form aus dem Ofen nehmen. Tortenboden in der Form abkühlen lassen.
Für die Füllung Quark durch ein Sieb streichen. Gelatine 5 Minuten in kaltem Wasser einweichen. Ausdrücken und in der heißen Milch unter Rühren auflösen. Zusammen mit dem Zucker und dem Himbeergeist in den Quark rühren. Sahne steif schlagen. Mit dem Quark mischen. Springform innen mit einem Pergamentpapierstreifen auslegen. Quarkmasse in die Form füllen. Zugedeckt 30 Minuten im Kühlschrank erstarren lassen. Torte dicht mit den gewaschenen Himbeeren belegen.
Mit Pergamentpapier bedeckt weitere 60 Minuten im Kühlschrank erstarren lassen. Mit Zucker bestreuen.

Rumtörtchen

Zutaten:
Für den Teig: 180 g Mehl, 1 Eigelb, 4 EL Rum (54 Vol. %), 75 g Zucker, 120 g Butter oder Margarine, Mehl zum Ausrollen
Für die Füllung: 125 g Erdbeer- oder Himbeerkonfitüre
Für den Guß: 300 g Puderzucker, 2 EL Zitronensaft, 4 EL Rum
Zum Garnieren: 12 kandierte Kirschen

Zubereitung:
Für den Mürbeteig Mehl auf ein Backbrett sieben. In die Mitte eine Mulde drücken.
Eigelb und Rum in die Mulde geben. Zucker darüberstreuen. Die gut gekühlte Butter oder Margarine in Flocken auf den Mehlrand setzen. Mit kühlen Händen von außen nach innen schnell zu einem geschmeidigen Teig kneten.
Teig zugedeckt 30 Minuten in den Kühlschrank stellen.
Dann auf bemehlter Arbeitsfläche 3 mm dick ausrollen. Kreise von 5 cm Durchmesser ausstechen.
Auf ein ungefettetes Backblech legen. Auf die mittlere Schiene in den vorgeheizten Ofen schieben und bei 180 Grad 15 Minuten backen.
Blech aus dem Ofen nehmen. Plätzchen noch warm mit Konfitüre bestreichen und je 2 zusammensetzen.
Für den Guß Puderzucker in eine Schüssel sieben. Mit Zitronensaft und Rum glattrühren.
Törtchen damit bestreichen.
In die Mitte jeweils eine halbe kandierte Kirsche setzen.

Sandkuchen

Zutaten:
250 g Butter oder Margarine, 250 g Zucker, 4 Eigelb, 2 EL Rum (73 Vol. %), 1 Prise Salz, 1/2 Vanilleschote, abgeriebene Schale 1/2 Zitrone (ungespritzt), je 150 g Mehl und Speisestärke, 4 Eiweiß, 40 g Margarine zum Einfetten, 20 g Semmelbrösel zum Ausstreuen

Zubereitung:
Butter oder Margarine in einer Schüssel schaumig rühren. Nach und nach Zucker, Eigelb, Rum, Salz, Vanillemark und abgeriebene Zitronenschale daruntermischen. Mehl und Speisestärke in einer Schüssel vermengen, sieben. Eßlöffelweise in die Buttermasse rühren.
Eiweiß steif schlagen. Locker unter die Teigmasse heben.
Kastenform von 40 cm Länge mit Margarine einfetten. Mit Semmelbröseln ausstreuen. Form mit Teig füllen. In den vorgeheizten Ofen auf die untere Schiene stellen und bei 180 Grad 70 Minuten backen.
Aus dem Ofen nehmen. Leicht abkühlen lassen. Auf den Kuchendraht stürzen und völlig erkalten lassen. Mit Puderzucker bestäuben.

Schnecken

Zutaten:
Für den Teig: 500 g Mehl, 30 g Hefe, 100 g Zucker, gut 1/8 l lauwarme Milch, 120 g Butter, 1 Prise Salz, 2 Eier, Mehl zum Ausrollen
Für die Füllung: 50 g gehackte Mandeln, 50 g Zitronat, 50 g Sultaninen, 50 g Korinthen, abgerie-

bene Schale einer Zitrone (ungespritzt), 30 g Zucker, 40 g Butter, Margarine oder Öl zum Einfetten
Für den Guß: 150 g Puderzucker, 4 1/2 EL Zitronensaft

Zubereitung:

Für den Teig Mehl in eine Schüssel sieben. In die Mitte eine Mulde drücken. Hefe hineinbröckeln. 1 TL Zucker darüberstreuen. Mit etwas Milch und Mehl zum Vorteig verrühren. Zugedeckt 15 Minuten an einem warmen Ort gehen lassen. Den restlichen Zucker, Butter in Flöckchen, Salz und die Eier dazugeben. Alles mit der restlichen Milch zu einem glatten Teig verrühren. Schlagen, bis er sich vom Schüsselboden löst und Blasen wirft. 20 Minuten gehen lassen. Dann auf bemehlter Arbeitsfläche gut 1/2 cm dick zu einem Rechteck ausrollen.

Füllung aus Mandeln, fein gehacktem Zitronat, gewaschenen und gut getrockneten Sultaninen und Korinthen und abgeriebener Zitronenschale in einer Schüssel mischen. Auf dem Hefeteig verteilen. Mit Zucker bestreuen. Butter in Flöckchen darauf verteilen. Zusammenrollen.

Mit einem scharfen Messer etwa 1 cm dicke Scheiben abschneiden. Auf ein gut gefettetes Backblech nicht zu dicht aneinanderlegen.

10 Minuten zugedeckt gehen lassen. In den vorgeheizten Ofen auf die mittlere Schiene schieben und bei 200 Grad 20 Minuten backen.

Nach dem Backen aus dem Ofen nehmen. Schnecken auf einen Kuchendraht legen.

Für den Guß Puderzucker mit Zitronensaft in einer Schüssel verrühren. Die Schnecken damit überziehen. Auskühlen lassen. Ergibt 27 Stück.

Schokoladen-Buttercreme-Torte

Zutaten:
Für den Teig: 4 Eigelb, 2 EL lauwarmes Wasser, 150 g Zucker, 1 Prise Salz, 1 Päckchen Vanillinzucker, 4 Eiweiß, 100 g Speisestärke, 100 g Mehl, 1 gestrichener TL Backpulver, Margarine zum Einfetten
Für die Schokoladen-Buttercreme: 1 Päckchen Schokoladen-Puddingpulver, 1/2 l Milch, 50 g Schokolade zartbitter, 250 g Butter, 150 g Puderzucker, 1 Glas Rum (54 Vol. %)
Zum Garnieren: 50 g blättrige Mandeln, 12 Schokoladentaler, 1 EL Pistazien

Zubereitung:
Eigelb mit lauwarmen Wasser, Zucker, Salz und Vanillinzucker in einer Schüssel in 10 Minuten schaumig schlagen. Eiweiß in einer anderen Schüssel steif schlagen, auf die Eischaummasse geben. Speisestärke mit Mehl und Backpulver mischen. Über den Eischnee sieben. Alles vorsichtig unterheben. Springform (26 cm Durchmesser) nur am Boden mit Margarine einfetten. Teig einfüllen. In den vorgeheizten Ofen auf die mittlere Schiene stellen und bei 200 Grad 30 Minuten backen. Kuchen aus dem Ofen nehmen. Auf einen Kuchendraht stürzen und auskühlen lassen. Dann zweimal waagerecht durchschneiden.
Für die Schokoladen-Buttercreme Puddingpulver mit etwas kalter Milch in einem Becher anrühren. Übrige Milch mit der zerbröselten Schokolade in einem Topf aufkochen. So lange rühren, bis sich die Schokolade löst. Angerührtes Puddingpulver zugießen. Unter Rühren aufkochen. Kalt stellen. Ab und zu umrühren, damit

sich keine Haut bildet. Butter in einer Schüssel schaumig rühren. Zuerst Puderzucker, dann den Rum zufügen. Zunächst teelöffel-, dann eßlöffelweise den noch lauwarmen Schokoladenflammeri einrühren. (Wenn man zuviel auf einmal dazugibt, gerinnt die Masse.) Jeweils ein Drittel Buttercreme auf die Tortenböden streichen, Torte rundherum mit Creme überziehen. Rand mit Mandelblättchen garnieren. Mit dem Messer zwölf Stücke auf der Torte markieren. Auf jedes Stück mit dem Spritzbeutel eine Cremetuff spritzen. Jeweils einen Schokoladentaler hineinsetzen. Geschälte Pistazien mit einem Messer fein hacken. Anschließend jeweils ein paar Pistazienstücke auf jeden Cremetuff streuen. Torte mindestens 30 Minuten kühl stellen, bevor sie in 12 Stücke geteilt wird.

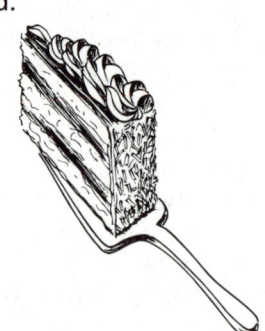

Schokoladenherzen

Zutaten:
Für den Teig: 375 g ungeschälte Mandeln, 100 g bittere Schokolade, 3 Eiweiß, 375 g Zucker, 1/2 TL gemahlener Ingwer, feiner Zucker zum Ausrollen, Butter und Margarine zum Einfetten
Für die Glasur: 200 g Kokosfett, 5 in Sirup eingelegte Ingwerpflaumen

Zubereitung:
Ungeschälte Mandeln und Schokolade mit der Küchenmaschine oder Mandelmühle fein mahlen. Eiweiß in einer Schüssel zu steifem Schnee schlagen. Zucker einrühren. Mandeln, Schokolade und gemahlenen Ingwer zufügen. Erst mischen, dann kneten. Teig auf einer mit Zucker bestreuten Arbeitsfläche knapp 1/2 cm dick ausrollen. Herzen ausstechen. Backblech mit Butter oder Margarine einfetten. Herzen darauflegen. In den vorgeheizten Ofen auf die mittlere Schiene schieben und bei 160 Grad 30 Minuten backen.
Fertiges Gebäck aus dem Ofen nehmen. Auf einem Kuchendraht abkühlen lassen.
Für die Glasur Kuvertüre in Stücke schneiden. In einem Gefäß im heißen Wasserbad schmelzen. Kokosfett in einer Pfanne zerlassen. In die Kuvertüre rühren. Ingwerpflaumen abtropfen lassen und fein würfeln. Die abgekühlten Schokoladenherzen mit der Kuvertüre überziehen und mit den gehackten Ingwerpflaumen bestreuen.

Schokoladenmakronen

Zutaten:
Für den Teig: 125 g bittere Schokolade, 5 Eiweiß, 250 g Zucker, 1 Prise Salz, 250 g ungeschälte, gemahlen Mandeln
Außerdem: 85 runde Oblaten (Durchmesser 5 cm)

Zubereitung:
Schokolade fein reiben. Eiweiß in einer Schüssel steif schlagen. Zucker und Salz nach und nach einrieseln, heißes Wasser zugießen. Bei geringer Hitze auflösen. Leicht abkühlen lassen. In die

Quarkmasse rühren. Sahne steif schlagen. Ein Drittel davon in einen Spritzbeutel geben. Den Rest Sahne unter die Quarkmasse heben. Tortenboden auf einer Tortenplatte mit dem Springformrand umlegen. Quarksahne einfüllen. 20 Minuten in den Kühlschrank stellen. Inzwischen die Erdbeeren vorsichtig waschen. Entstielen. Gut abtropfen lassen. Große Früchte halbieren. Torte aus dem Kühlschrank nehmen. Mitte mit Erdbeeren belegen. Sahnerand darum herum spritzen. Bis zum Servieren kalt stellen. Ergibt 12 Stücke.

Schuhsohlen

Zutaten:
1 Paket tiefgekühlter Blätterteig, 100 g Zucker
Für die Füllung: 1/2 l Sahne, 1 EL Zucker, 1 Päckchen Vanillinzucker

Zubereitung:
Blätterteig nach Vorschrift auftauen lassen. Mit einer Ringform (Durchmesser 8 cm) Plätzchen ausstechen. Auf der mit Zucker bestreuten Arbeitsfläche zu länglichen Schuhsohlen (oder Zungen) von 23 cm Länge ausrollen. Dabei einmal wenden. Auf ein mit kaltem Wasser abgespültes Backblech legen. In den vorgeheizten Ofen auf die obere Schiene schieben und bei 200 Grad 10 Minuten backen.
Blech aus dem Ofen nehmen. Schuhsohlen auf einem Kuchendraht abkühlen lassen.
Für die Füllung Sahne in einer Schüssel steif schlagen. Mit Zucker und Vanillinzucker süßen. Die Hälfte der Schuhsohlen dick mit Sahne bestreichen. Dann die übrigen Schuhsohlen darauflegen und sofort servieren. Ergibt 6 Stück.

Schwäbische Springerle

Um dieses Rezept backen zu können, müssen Sie kleine Formen, sogenannte Springerlemodel, zu Hause haben.

Zutaten:
 4 Eier, 500 g Mehl, 1 Prise Hirschhornsalz, Schale einer Zitrone, 2 cl Kirschwasser, 2 EL Anis

Zubereitung:
 Aus Eiern und Zucker eine Schaummasse schlagen, Hirschhornsalz und das Mehl hineinrieseln. Die übrigen Zutaten hinzufügen und zu einem festen Teig verkneten; zwei Stunden ruhen lassen. Anschließend den Teig 1 cm dick ausrollen, in Größe des Models ausschneiden, darauflegen und mit bemehlten Fingern fest in die Form drücken (die Konturen sollen nach dem Backen gut erkennbar sein).
 Übrigens müssen die Formen gut mit Mehl ausgepinselt sein, damit der Teig beim Herausnehmen nicht kleben bleibt. Mit dem Muster nach oben auf ein mit Backpapier ausgelegtes Backblech legen und einen Tag (und Nacht) in einem warmen Raum trocknen lassen.
 Bei 180 Grad 30 - 40 Minuten backen.
 Das Gebäck sollte nach dem Originalrezept auf der Oberseite weiß bleiben und auf der Unterseite goldgelb werden.
 Sie erreichen dies, wenn Sie während des Backvorgangs ein leeres Backblech zwei Schienen über die Springerle einschieben (auf Unterhitze achten).
 Die Springerle bekommen erst nach 4 Wochen kühler und nicht zu trockener Lagerung ihren guten Geschmack.

Schwarzwälder Kirschtorte

Zutaten:
Für den Schokoladenbiskuit: 6 Eigelb, 6 EL heißes Wasser, 150 g Zucker, 1 Päckchen Vanillinzucker, 6 Eiweiß, 1 Prise Salz, 75 g Mehl, 75 g Speisestärke, 25 g Kakao, Margarine zum Einfetten
Für den Mürbeteig: 150 g Mehl, 1 kleines Eigelb, 65 g Zucker, 1/2 Päckchen Vanillinzucker, abgeriebene Schale 1/2 Zitrone (ungespritzt), 1 Prise Salz, 75 g Butter oder Margarine
Zum Bestreichen: 3 EL Johannisbeergelee, 1 EL Kirschwasser
Für die Füllung und Garnierung: 1 Glas entsteinte Sauerkirschen, 5 g Speisestärke, 6 EL Kirschwasser, 1 l Sahne, 2 EL Puderzucker, 1 Päckchen Vanillinzucker, 20 g Borkenschokolade

Zubereitung:
Für den Schokoladenbiskuit Eigelb in einer Schüssel mit heißem Wasser, Zucker und Vanillinzucker schaumig rühren. In einer anderen Schüssel Eiweiß mit Salz zu steifem Schnee schlagen. Über die Eigelbmasse gleiten lassen. Mehl, Speisestärke und Kakao in einer Schüssel mischen. Auf das Eiweiß geben und alles locker mischen. Den Boden einer Springform von 26 cm Durchmesser einfetten. Teig einfüllen. Form auf die mittlere Schiene in den vorgeheizten Ofen schieben und bei 180 Grad 50 Minuten backen.
Form aus dem Ofen nehmen und den Biskuit lösen. Auf einem Kuchendraht abkühlen lassen. Während der Biskuit bäckt, den Mürbeteigboden vorbereiten. In die Mitte eine Mulde drücken. Eigelb hineingeben. Zucker, Vanillinzucker, Zitronenschale und Salz darüberstreuen.

Die gut gekühlte Butter oder Margarine in Flöckchen auf dem Mehlrand verteilen. Alles von innen nach außen mit einer Teigkarte hacken. Dann mit kühlen Händen schnell zu einem geschmeidigen Teig kneten. Zugedeckt 30 Minuten in den Kühlschrank stellen. Nun den Boden einer Tortenform von 26 cm Durchmesser mit dem Teig auslegen. Das macht man am besten mit den Händen. Den Teig vorher nicht ausrollen. Form auf die mittlere Schiene in den vorgeheizten Backofen schieben und bei 220 Grad 25 Minuten backen.

Form herausnehmen. Boden aus der Form lösen und auf einen Kuchendraht stürzen. Abkühlen lassen.

Zum Bestreichen Johannisbeergelee und Kirschwasser verrühren. Auf den Mürbeteigboden streichen. Den Schokoladenbiskuit quer einmal durchschneiden. Einen Boden auf den Mürbeteigboden setzen.

Zum Füllen die Kirschen abtropfen lassen. 12 besonders schöne Kirschen zum Garnieren beiseite legen. Den Saft auffangen und knapp 1/8 l abmessen. Saft in einem Topf aufkochen. Speisestärke in einem Becher mit etwas Saft glattrühren. In den kochenden Saft rühren. Kurz aufkochen lassen. Topf vom Herd nehmen. Masse erkalten lassen.

Mit den Kirschen und 2 EL Kirschwasser mischen. Wenn die Masse ganz kalt ist, auf den Biskuit streichen. Die Hälfte der gut gekühlten Sahne mit einem halben Eßlöffel Puderzucker und 1/2 Päckchen Vanillinzucker in einer Schüssel sehr steif schlagen. Dann 2 EL Kirschwasser einrühren. Auf die Kirschen streichen. Den zweiten Biskuitboden darauflegen. Torte 20 Minuten in den Kühlschrank stellen. In der Zwischenzeit die restliche Sahne mit Puderzucker und Vanillinzucker in einer Schüssel steif schlagen. Mit dem restlichen Kirschwasser mischen. 6 EL Sahne in einen Spritzbeutel mit Sterntülle füllen. Torte aus dem Kühlschrank nehmen. Rand und Oberfläche mit der Sahne bestreichen. Auf der Oberfläche 12 Stücke markieren. Auf jedes Stück einen Sahnetupfer (aus dem Spritzbeutel) setzen und mit je einer Kirsche belegen. Borkenschokolade zerkrümeln. Sahnetupfer damit bestreuen. Torte sofort servieren.

Schweinsöhrchen

Zutaten:
1 Paket tiefgekühlter Blätterteig, Mehl zum Ausrollen, 1 Eigelb zum Bestreichen, 2 EL Hagelzucker oder grober Zucker zum Bestreuen

Zubereitung:
Blätterteig nach Vorschrift auftauen lassen. Platten übereinanderlegen und auf dem bemehlten Backbrett 3 mm dick zu einem Rechteck ausrollen. Die beiden schmalen Seiten zur Mitte hin viermal umklappen. Teig in 2 cm breite Streifen schneiden. Streifen in der Mitte leicht umbiegen, so daß sie wie zwei aneinandergelegte Ohren

aussehen. Oberseite mit verquirltem Eigelb bestreichen. Dick mit Hagelzucker oder grobem Zucker bestreuen. Backblech mit kaltem Wasser abspülen. Schweinsöhrchen mit genügendem Abstand darauflegen. In den gut vorgeheizten Ofen auf die mittlere Schiene schieben und bei 220 Grad 25 Minuten backen.
Blech aus dem Ofen nehmen. Schweinsöhrchen auf einem Kuchendraht abkühlen lassen.

Streuselkuchen mit Quark

Zutaten:
Für den Teig: 300 g Mehl, 20 g Hefe, 60 g Zucker, knapp 1/8 l lauwarme Milch, 80 g Butter oder Margarine, 1 Ei, 1 Prise Salz, abgeriebene Schale einer Zitrone (ungespritzt), Margarine zum Einfetten, Mehl zum Bestäuben
Für den Belag: 150 g Butter, 150 g Zucker, 1 Päckchen Vanillinzucker, 3 Eier, 1000 g Speisequark, 1 EL Rum oder Arrak, 30 g Speisestärke
Für die Streusel: 150 g Mehl, 150 g Zucker, 1 Prise Salz, 1 TL gemahlener Zimt, 80 g Butter

Zubereitung:
Mehl in eine Schüssel sieben. In die Mitte eine Mulde drücken. Hefe hineinbröckeln, 1 EL Zucker daraufstreuen. Mit etwas lauwarmer Milch und Mehl vom Rand zu einem Vorteig verrühren. 20 Minuten zugedeckt an einem warmen Ort gehen lassen. Restlichen Zucker, restliche Milch, weiche Butter oder Margarine, Ei, Salz und Zitronenschale hineinkneten. Teig schlagen, bis er Blasen wirft und sich vom Schüsselrand löst. Backblech mit Margarine einfetten und leicht mit Mehl überstäuben. Teig darauf ausrollen. Mit einem

Küchentuch bedeckt 20 Minuten gehen lassen.
In der Zwischenzeit für den Belag Butter, Zucker
und Vanillinzucker schaumig rühren. Eier nach
und nach unterrühren. Quark, Rum oder Arrak
und Speisestärke zugeben und so lange rühren,
bis die Masse glatt ist. Auf den Teig streichen.
Für die Streusel Mehl, Zucker, Salz und Zimt in
eine Schüssel geben. Butter in einem kleinen
Topf zerlassen (aber nicht bräunen). Langsam in
die Schüssel gießen. Dabei mit einer Gabel oder
den Händen alles vermischen und zu Streuseln
zerkrümeln. Die Streusel über den Quarkbelag
verteilen. Backblech in den vorgeheizten Ofen
auf die untere Schiene schieben und bei 200
Grad 35 - 45 Minuten backen.
10 Minuten vor Ende der Backzeit Blech auf die
oberste Schiene stellen. Kuchen aus dem Ofen
nehmen. Auf dem Blech abkühlen lassen und vor
dem Servieren in 30 Stücke schneiden.

Teegebäck

Zutaten:

250 g Mehl, 1/2 TL Backpulver, 1 Ei, 100 g Zucker,
1 Prise Salz, abgeriebene Schale 1/2 Zitrone (ungespritzt), 150 g Butter oder Margarine, Mehl
zum Ausrollen, 200 g Beleg- oder Cocktailkirschen, 60 g Puderzucker, 2 TL gemahlener Zimt

Zubereitung:

Mehl und Backpulver auf ein Backbrett sieben. In
die Mitte eine Mulde drücken. Das aufgeschla-
gene Ei, Zucker, Salz und Zitronenschale hineingeben. Mit einem Löffel verrühren. Butter oder
Margarine in Flöckchen auf dem Mehlrand verteilen. Von außen nach innen schnell einen ge-

schmeidigen Teig kneten. Zugedeckt 30 Minuten im Kühlschrank ruhen lassen. Beleg- oder Cocktailkirschen erst auf einem Sieb, dann auf Haushaltspapier abtropfen lassen. Teig auf dem bemehlten Backbrett dünn ausrollen. In 7 cm große Quadrate schneiden. Je eine Kirsche darauflegen. Teig zu Kugeln rollen. Auf ein ungefettetes Backblech setzen. Blech in den vorgeheizten Ofen auf die mittlere Schiene schieben und bei 200 Grad 15 Minuten backen.
Gesiebten Puderzucker auf einem Teller mit Zimt mischen. Teegebäck aus dem Ofen nehmen, vom Backblech lösen und noch heiß im Zucker-Zimt-Gemisch wälzen.
Danach abkühlen lassen. Ergibt 52 Stück.

Waffeln fein

Zutaten:

250 g Butter oder Margarine, 200 g Zucker, 4 Eier, abgeriebene Schale 1/4 Zitrone (ungespritzt), 1/2 Päckchen Vanillinzucker, 1 Prise Salz, 1 Prise Backpulver, 150 g Mehl, 150 g Speisestärke, Öl zum Einpinseln, 80 g Puderzucker zum Bestäuben

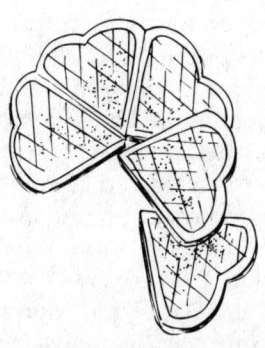

Zubereitung:
Fett und Zucker schaumig rühren. Eier und alle Zutaten zugeben. Waffeleisen vorheizen. Innenflächen einfetten. Teig daraufgeben. Waffeleisen schließen und 6 Minuten backen.
Waffeln aus dem Waffeleisen lösen. Zum Ausdampfen hochkant stellen, mit Puderzucker bestäuben. Ergibt etwa 50 Herzen.

Weintraubentorte

Zutaten:
Für den Teig: 250 g Mehl, 1 Prise Salz, 1 Eigelb, 1 Ei, 125 g Zucker, abgeriebene Schale einer Zitrone (ungespritzt), 125 g Butter oder Margarine
Für den Belag: 500 g Weintrauben, 3 Eiweiß, 80 g Zucker, Saft 1/2 Zitrone, 100 g gemahlene Mandeln

Zubereitung:
Mehl auf die Arbeitsfläche sieben. In die Mitte eine Mulde drücken. Salz, Eigelb und Ei dazugeben. Zucker und abgeriebene Zitronenschale darüberstreuen. Die gut gekühlte Butter oder Margarine in Flöckchen auf dem Mehlrand verteilen. Von außen nach innen schnell einen glatten Teig kneten. Zugedeckt 20 Minuten im Kühlschrank ruhen lassen. Teig in eine ungefettete Springform geben. Gleichmäßig ausrollen und einen etwa 3 cm hohen Rand formen. Im vorgeheizten Ofen bei 200 Grad 10 Minuten backen. Die Weintrauben waschen und abtropfen lassen. Beeren von den Stielen zupfen, halbieren, entkernen und evtl. häuten. Eiweiß zu steifem Schnee schlagen. Dabei nach und nach Zucker einrieseln lassen. Mit Zitronensaft und Mandeln

mischen. Zum Schluß die Weinbeeren unterheben. Kuchen aus dem Ofen nehmen. Temperatur herunterschalten. Weintraubenmasse auf den vorgebackenen Boden geben. Weitere 30 Minuten bei 160 Grad backen. Auf einem Kuchendraht abkühlen lassen.

Welfencreme

Zutaten:
 1/2 l Milch, 40 g Stärkemehl (Speisestärke), 40 g Zucker, 1/2 Vanillestange, 4 Eiweiß
 Für den Weinschaum: 4 Eigelb, 80 g Zucker, Saft und Schale von einer Zitrone, 1 TL Speisestärke, 1/4 l Weißwein

Zubereitung:
 Milch, Zucker und die Vanillestange zum Kochen aufsetzen. Mit ein paar Löffeln Milch die Speisestärke anrühren, hinzufügen und unter ständigem Rühren die Masse aufkochen lassen. Der erkalteten Creme das steifgeschlagene Eiweiß vorsichtig unterziehen. In Portionsschalen füllen und kaltstellen. Aus Eigelb, Zucker und geriebener Zitronenschale eine Schaummasse herstellen. Dieser den Weißwein und Stärkemehl zufügen und bei mäßiger Hitze auf dem Ofen abschlagen. Am besten mit einem Schneebesen verrühren und sobald die Sauce aufpufft, vom Ofen nehmen. Mit Zitronensaft abschmecken und erkaltet löffelweise über die Creme geben.
 Diese köstliche Nachspeise mit der weißen Creme und der gelben Weinschaumcreme wurde nach dem damals bekannten Herrschergeschlecht »Welfen« benannt, deren Erkennungsfarben Weiß-Gelb waren.

Windbeutel

Zutaten:
Für den Teig: 1/4 l Wasser, 125 g Butter oder Margarine, Salz, 125 g Mehl, 40 g Speisestärke, 4 - 5 Eier, Margarine zum Einfetten, Mehl zum Bestäuben
Für die Füllung: 1/2 l Sahne, 30 g Zucker, 50 g Puderzucker zum Bestäuben

Zubereitung:
Für den Teig Wasser, Butter oder Margarine und Salz in einem Topf aufkochen. Vom Herd nehmen. Mehl und Speisestärke auf einmal in die Flüssigkeit rühren.
Wieder auf den Herd stellen. So lange rühren, bis sich ein Kloß und eine weiße Haut am Topfboden bilden.
In den Teig schnell ein Ei rühren. Dann den Teig 5 Minuten abkühlen lassen. Nach und nach die restlichen Eier unterrühren. Das fünfte Ei nur dann, wenn der Teig noch zu fest ist. Er ist richtig, wenn er in dicken Zapfen schwer vom Löffel reißt. Backblech einfetten und mit Mehl bestäuben. Teig in einen Spritzbeutel füllen und Windbeutel im Durchmesser von 4 cm auf das Blech spritzen.
In den vorgeheizten Backofen auf die mittlere Schiene schieben und bei 220 Grad 30 Minuten backen.
Windbeutel erkalten lassen. Mit einer Schere einen Deckel abschneiden. Sahne mit Zucker in einer Schüssel steif schlagen. Windbeutel damit füllen. Deckel daraufsetzen.
Mit Puderzucker übersieben. Sofort servieren. Ergibt 12 Windbeutel.

Zimtnudeln

Dieses Rezept habe ich für eine Freundin ausgewählt, die mir durch ihre Vorliebe für Zimt erst wieder in Erinnerung gebracht hat, welche Köstlichkeiten durch dieses Geschmacks- und Würzmittel entstehen können.

Zutaten:
500 g Mehl, knapp 1/4 l Milch, 20 g Hefe, 80 g Butter, 50 g Zucker, 2 Eier, 100 g zerlassene Butter, abgeriebene Zitronenschale, 100 g Zucker und Zimt gemischt

Zubereitung:
Einen mittelfesten Hefeteig herstellen; Mehl in eine Schüssel sieben, in der Mitte eine Grube bilden und darin etwas lauwarme Milch schütten, die Hefe einbröseln und 1 EL Zucker beimischen. Diesen Vorteig solange ruhen lassen, bis die doppelte Größe erreicht ist. Auf den Mehlrand weiche Butterflocken, Zitronenschale, Zucker und Eier legen. Den aufgegangenen Teig mit allen Zutaten vermischen, Milch zugeben und solange abschlagen, bis er Blasen wirft und sich von der Schüssel löst. Zugedeckt an einem warmen Ort 1 Stunde ruhen lassen. Anschließend kleine Nudeln abstechen, diese mit der Hand runden und zuerst in dem vorbereiteten Bräter in zerlassener Butter wenden und dann in der Zucker-Zimt-Mischung. Die Zimtnudeln in der Raine mit genügend Abstand plazieren und nochmals gehen lassen.
Bei 190 Grad 30 Minuten backen.
In der Form auskühlen lassen, stürzen und eventuell noch mit Puderzucker-Zimt-Mischung überstäuben.

Zimtsterne

Zutaten:

500 g ungeschälte Mandeln, 4 Eiweiß, 1 Prise Salz, 300 g Puderzucker, 1 EL Zitronensaft, 2 TL gemahlener Zimt, Margarine zum Einfetten

Zubereitung:

Mandeln in einem Küchentuch abreiben. Durch die Mandelmühle drehen oder in der Küchenmaschine fein mahlen. Eiweiß mit Salz in einer Schüssel steif schlagen. Unter weiterem Schlagen langsam den gesiebten Puderzucker und tropfenweise den Zitronensaft zugeben. Von dem Eiweißschaum 4 EL abnehmen. Zugedeckt beiseite stellen. 450 g Mandeln und Zimt vorsichtig mit dem Eischnee vermengen. Die Arbeitsfläche mit den restlichen gemahlenen Mandeln bestreuen. Den Teig darauf in kleinen Portionen vorsichtig 5 mm dick ausrollen. Sterne ausstechen. Ein Backblech mit Pergamentpapier auslegen und einfetten. Zimtsterne darauf legen und mit dem zurückbehaltenen Eiweißschaum bestreichen. Backblech in den vorgeheizten Ofen auf mittlerer Schiene bei 160 Grad 25 Minuten mehr trocknen als backen. Herausnehmen, vorsichtig vom Backpapier lösen und auf einem Kuchendraht auskühlen lassen. In gut verschlossenen Behältern aufbewahren. Ergibt 65 Stück.

Getränke, Eingemachtes & Eingekochtes

Apfelweinbowle

Zutaten:
1 Fl. Apfelwein (Cidre), 1/2 Fl. Rotwein, 3/4 l Wasser, 2 Apfelsinen, 125 g Zucker, 1/2 Zitrone

Zubereitung:
In ein großes Bowlegefäß die halbierten Apfelsinen und die halbe Zitrone legen (ungespritzt und gewaschen). Zucker im Wasser auflösen und über die Früchte schütten. Eine gute Stunde ziehen lassen und dann die Zitrusfrüchte entfernen. Mit dem Apfel- und Rotwein aufgießen, langsam verrühren und mit einem Deckel bedeckt nochmals ruhen lassen (möglichst im Kühlschrank).

Apfelsinenlikör

Zutaten:
5 Apfelsinen, 1 1/2 l Branntwein, 500 g Zucker

Zubereitung:
Zuerst werden die (ungespritzten) Apfelsinen gewaschen und dann behutsam geschält. Den Zucker in einen Stein- oder Glastopf füllen, den Saft der Apfelsinen darübergeben und mit einem Holzlöffel rühren, bis der Zucker geschmolzen ist. Mit Branntwein auffüllen und die Scha-

len hineingeben. Der Topf soll bedeckt für 6 Wochen an einem warmen Ort stehen. Dabei aber täglich mit dem Holzlöffel umrühren. Nach Ablauf dieser Zeit der Flüssigkeit die Apfelsinenschalen entnehmen und durch ein Filterpapier oder Fließpapier filtern. Den Likör in Flaschen füllen und nochmals einige Zeit lagern, bevor man ihn in Gebrauch nimmt.

Warmer Arrakpunsch

Zutaten:
400 g Zuckerwürfel, 5 Zitronen, 1 1/2 l starker Tee, 1/2 l Arrak

Zubereitung:
Mit den Zuckerwürfeln reibt man die gewaschene, unbehandelte Zitronenschale ab und löst diese in dem heißen Tee auf. Die Zitronen werden ausgepreßt und zusammen mit dem Arrak in den Tee gegossen. Das Getränk wird sofort serviert.

Bier, 120 g Zucker, 1 Stange Zimt, etwas Pulver), die Schale von einer halben Zi- ganze Eier

Zubereitung:
In einem Topf Bier, Zucker, Zimt, Ingwer und die Zitronenschale zum Kochen bringen. Währenddessen die Eier mit einem Küchenmixer schaumig schlagen. Das kochende Bier durch ein Sieb geben und mit der Eiermasse verrühren. Das Eierbier wird sofort in Gläsern serviert.

Erdbeersaft

Zutaten:
1 kg Erdbeeren, 660 g Zucker

Zubereitung:
Reife, trockene Erdbeeren werden in einer Ton- oder Steinschüssel mit dem feingesiebten Zucker bestreut. Mit einem Silberlöffel leicht zerdrücken und einige Zeit ruhen lassen. Ein großes Leintuch über ein breites Gefäß spannen und die Erdbeer-Zuckermasse in das Tuch füllen. Der Saft soll, ohne zu drücken oder nachzuhelfen, von allein in das Gefäß laufen. Den abgelaufenen Saft in Glasflaschen füllen, mit Gummi- oder Deckelverschluß gut verschließen und im Wasserbad sterilisieren.

Ananasbowle

Zutaten:
250 g Ananas (frisch oder aus der Dose), 125 g Zucker, 2 Fl. Weißwein (nach Geschmack), 1/2 Fl. Champagner oder Sekt

Zubereitung:
Die frische Ananas in kleine Scheibchen schneiden und in ein größeres Bowlengefäß geben.

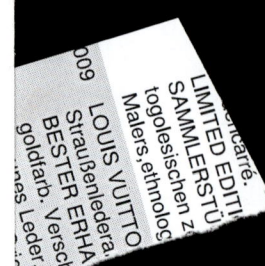

Die Frucht mit Zucker bestreuen und mit 1/2 Fl. Wein übergießen. Zugedeckt auf Eis stellen und 1 1/2 Std. ziehen lassen. Kurz vor dem Anrichten mit dem restlichen Wein und dem Champagner übergießen.

Familienpunsch

Zutaten:
1 Fl. Rotwein, 1/4 l Rum, 3/4 l Tee, 140 g Zucker

Zubereitung:
Den Rotwein mit Zucker und Rum vorsichtig erhitzen, darf nicht kochen. Den Tee, der bereits aufgegossen ist, darunter mischen und kosten, ob der Zucker ausreichend ist. Den Punsch heiß servieren.

Eingelegte Gewürzgurken

Zutaten:
50 fingerlange Einleggurken, 50 g Salz, 60 g Perlzwiebeln, 10 g Pfefferkörner, 10 Stck. Nelken, 4 Lorbeerblätter, 2 Ingwerstücke, 2 EL frische Meerrettichwürfel, 1 Bund Dill, 2 Stiele Estragon, 125 g Senfkörner
Für den Sud: 1/2 l Wasser, 20 g Salz, 1/2 l Essig

Zubereitung:
Die Gurken sauber bürsten, über Nacht einsalzen und danach gut abtrocknen. In einen Steintopf Gurken abwechselnd mit den Zutaten einschichten. Wasser, Salz und Essig aufkochen, erkalten lassen und diesen Sud über die Gurken gießen. Die Senfkörner in einen kleinen Beutel einbinden (oder ein kleines Leinentuch) und als Ab-

schluß obenauf legen. Nach 1 Woche den Sud abgießen, diesen nochmals aufkochen und erkaltet über die Gurken geben.
Den Topf gut verschließen und an einem kühlen Ort aufbewahren.

Erste Liebe

Dieses Originalrezept aus Omas Kochkiste hat seinen Namen zu recht bekommen. Es wurde bei Tanzkursen als Erfrischung angeboten und ist deshalb auch unter dem Namen »Tanzstundenerfrischung« bekannt.

Zutaten:

7 Orangen, 1 Zitrone, 100 g Würfelzucker, 50 g feiner Zucker, 1/8 l Wasser, 4 Fl. Moselwein, 1 Fl. Sekt oder Selterswasser

Zubereitung:

Die Schale einer Apfelsine und der Zitrone mit dem Würfelzucker abreiben und diesen in dem Wasser schmelzen lassen.

Inzwischen die Orangen schälen, sorgfältig das Weiße entfernen und dann in feine Scheiben schneiden.

Die Orangenscheiben, bedeckt mit dem Zucker und dem Saft der Zitrone, in ein Bowlengefäß geben. Zum Durchziehen eine halbe Stunde stehen lassen. Einige Eiswürfel darauflegen und mit dem Moselwein übergießen, anschließend nochmals ruhen lassen.

Nach Geschmack mit dem Zuckerwasser (Schalensirup) abschmecken und das Ganze auf Eis stellen. Kurz vor dem Servieren mit Sekt oder Selters aufgießen.

Hagebuttenschnaps

Zutaten:
1 l Branntwein, 250 g Hagebutten, 200 g Zucker

Zubereitung:
Sollten Sie die Hagebutten selber sammeln, so ist es wichtig, daß Sie den ersten Frost zum Sammeln abwarten. Die gesäuberten, halbierten Hagebutten, früher auch »Hetschepetsch« genannt, mit dem Schnaps aufgießen. An einen warmen Ort stellen und zugedeckt 14 Tage ziehen und ruhen lassen. Anschließend mit 1/4 l Wasser vermischten Zucker vermischen. Durch ein Filter- oder Fließpapier filtrieren und in Flaschen abfüllen.

Himbeerlimonade

Zutaten:
1/2 kg frische Himbeeren, Saft von 2 Zitronen, 125 g geläuterter Zucker (s.u.), 1/2 l Wasser

Zubereitung:
Zuerst den Läuterzucker herstellen, den man bei vielen Rezepten in der süßen Küche verwendet. Das Grundrezept sieht für 500 g Zucker 1/2 l Wasser vor.
Kaltes Wasser mit dem Zucker vermischen und zum Kochen bringen. Den sich bildenden Schaum an der Oberfläche mit einem Schaumlöffel entfernen und das Zuckerwasser kaltstellen. Für die Himbeerlimonade reicht diese Stufe des Läuterzuckers aus, da die Beschaffenheit des Zuckers von der Länge des Kochens abhängig ist. Sobald das Zuckerwasser fertig ist, dieses mit den zerquetschten Beeren vermischen, verquirlen

und 1 Stunde kaltstellen. Später mit den übrigen Zutaten zusammengießen und durch ein Leinentuch passieren.
Eisgekühlt eine herrliche Erfrischung.

Hofpunsch

Zutaten:
2 1/2 kg brauner Kandiszucker, 2 Zitronen, 4 Orangen, 3 Fl. Weißwein, 1 Fl. Arrak

Zubereitung:
Den Kandiszucker mit 1 l Wasser vermischen und zu einem dicklichen Sirup einkochen. Nachdem der Zuckersirup ausgekühlt ist, mit dem Saft der Zitronen und Orangen und je einer abgeriebenen Zitronen- und Orangenschale vermischen. Die übrigen Zutaten darübergießen und erhitzen, aber nicht kochen. In ein vorgewärmtes Gefäß schütten und servieren (am besten mit Lebkuchen).

Kalte Ente

Zutaten:
4 Fl. Weißwein (Pfälzer oder Rheinwein), Schale und Saft von 2 Zitronen, 5 EL Zucker, 2 Fl. Sekt oder Selters

Zubereitung:
Die Schale der Zitronen muß peinlich genau abgeschält werden, es darf nichts Weißes mehr daran sein. Im Zitronensaft den Zucker auflösen, den Wein dazugießen, die Schalen hinzufügen und das Ganze auf Eis durchziehen lassen. Kurz vor Gebrauch die Schalen entfernen und mit dem Sekt oder Selterswasser aufgießen.

Kräuteressig

Zutaten:

1 1/2 l Weinessig, 50 g Zwiebeln, 10 g Dill, 1 Lorbeerblatt, 100 g Zucker, 10 g Petersilie, 10 g Basilikum, 10 g Kerbel, 20 g Schalotten, 20 Pfefferkörner, 5 g Sellerieblätter, 10 g Thymian, 30 g Estragonblätter, etwas abgeriebene Zitronenschale

Zubereitung:

Den Zucker in Essig auflösen und aufkochen. Die Kräuter und Gewürze in einen Steinguttopf geben und mit der Flüssigkeit aufgießen. Den Topf gut verschließen und nach etwa 14 Tagen den Essig abseihen und passieren. In Flaschen abfüllen und für Salate, Mayonnaisen und Saucen verwenden.

Kremser Senf

Zutaten:

40 g schwarzes und 40 g weißes Senfmehl, 2/5 l Weißwein, 150 g Zucker

Zubereitung:

Falls das Senfmehl nicht pulverisiert ist, im Mörser feinstoßen. Zusammen mit dem Wein und Zucker einmal aufkochen und abkühlen lassen. In Gläser füllen und kühl aufbewahren.

Mixed Pickles

Zutaten:

15 kleine Karotten, 30 kleine Bohnen, 100 g Sellerie, 1 kleiner Kopf Blumenkohl, 10 g Salz, 1 l Wasser, 20 Perlzwiebeln, 20 Schalotten, 20 Champignons, 1 l Weinessig, 30 kleine Pfeffergurken, 20 g Salz, 1 Prise Zucker, 1 Pfefferschote, 1 Prise Cayennepfeffer

Zubereitung:

Zuerst die Gemüse vorbereiten, die Bohnen in 3 cm lange Stücke brechen oder schneiden, die Karotten schälen und aus dem Sellerie kleine Kugeln ausstechen. Den Blumenkohl in Salzwasser garkochen und in kleine Röschen zerpflücken. Die Gurken einsalzen, 10 – 12 Stunden ziehen lassen und abtrocknen. In Essig die geputzten Schalotten, Champignons, Perlzwiebeln und Gewürze aufkochen. Alle Zutaten zusammen mit dem Essigsud in Gläser füllen. Nach ca. 5 Tagen den Sud abseihen, nochmals aufkochen und darüber geben. Die Gläser gut verschlossen an einen kühlen Ort stellen.

Eingemachte Preiselbeeren

Zutaten:

2 1/2 kg Preiselbeeren, 1 kg Zucker, Zimt nach Belieben, 1/4 l Rotwein

Zubereitung:

Die Früchte waschen, auslesen und mit Zucker gemischt vom Kochpunkt an 1/2 Stunde kochen lassen. Die Früchte in einen sterilisierten Steintopf füllen und den Saft zusammen mit dem Rotwein weiter einkochen. Die dickflüssige Masse über die Beeren geben, luftdicht verschließen und kühl aufbewahren.

Schüttelweichseln

Zutaten:
1 kg Sauerkirschen, 1/2 l Weinessig, 1 kg Zucker

Zubereitung:
Die Sauerkirschen waschen, verlesen und entsteinen. Den Essig kurz erwärmen, lauwarm über die Kirschen gießen und 24 Stunden ruhen lassen. Die eingelegten Kirschen auf einem Sieb abtropfen lassen, mit dem Zucker gut vermengen und in Gläser einschichten. Mit Pergamentpapier gut verschließen, entweder einen Gummi darum binden oder das Papier unter den Schraubverschluß wickeln. Damit sich die Früchte und der Zucker gut vermischen, müssen die Gläser täglich gut geschüttelt werden (daher der Name). Schüttelkirschen schmecken naturrein und sind gut geeignet zu Kuchen oder als Einlage zu Cremes.

Traubenscherbett

Zutaten:
500 g Zucker, 4 Tassen Wasser, 1 Zitrone, 1 Orange, 3 Tassen Traubensaft, 20 g in Wasser aufgelöste Gelatine

Zubereitung:
Den Zucker mit Wasser mischen, aufkochen und durch ein feines Sieb gießen. Mit dem Saft der Zitrone und der Orange und den 3 Tassen Traubensaft vermischen. Zum Schluß die Gelatine gut einrühren und in Gläser füllen. Ins Eisfach stellen und halbgefroren, mit Sahne und Kirschen ver-

ziert servieren. Das Scherbett ist weitläufig verwandt mit dem Sorbet, daher auch der Name. Ein Sorbet ist eine Mischung von Speiseeis mit Fruchtsaft, Wein, Sekt oder auch Sodawasser und Spirituosen. Die Beschaffenheit ist wie Halbgefrorenes halbweich, nicht flüssig.

Walnüsse in Essig und Zucker

Zutaten:
50 Stck. Walnüsse, 850 g Zucker, 1/8 l Wasser, 1/4 l Weinessig, einige Zimtstücke, 10 Nelken

Zubereitung:
Wasser zum Kochen aufsetzen und in diesem die Nüsse mindestens 3 Minuten kochen lassen. Gut abtropfen lassen und die Walnüsse zusammen mit den Nelken und den Zimtstücken in einen Steintopf (Rumtopf) schichten. Den Zucker in Wasser und Essig auflösen und ca. 5–10 Minuten kochen. Die Zuckerlösung warm über die Nüsse gießen. Nach zwei Tagen die Lösung abgießen, nochmals aufkochen und erkaltet über die Nüsse geben. Nach weiteren zwei Tagen die Nüsse zusammen mit der Lösung kochen, bis sie weich sind. In Gläser füllen und zubinden. Die Walnüsse sollten erst nach einem 1/2 bis 1 Jahr verwendet werden (zum Garnieren oder als Beigabe zum Fleisch).

Omas Speisezettel

Menüvorschläge von Großmutter

Sollten Sie mal Lust auf einen Nostalgieabend nach Omas Rezepten verspüren, so finden Sie hier einige Vorschläge eingeteilt in die vier Jahreszeiten.

Frühling

Frühlingsragoutsuppe
Eier mit Senfsauce
Kalbsnierenkroketten mit Béarnaisesauce und Leipziger Allerlei
Berliner Luft
oder
Spargelsuppe
Kalbsfrikassee mit Parmesannockerln und Sauerampferpüree
Welfencreme

Sommer

Kalbskopfsuppe
Hammelzunge, gekocht, mit Nudelauflauf
Königsberger Klopse mit Reis
Donauwellen
oder
Gurkensuppe
Steinpilzsalat mit frischem Schwarzbrot
Entensalmi mit Kartoffelbiskuit
Traubenscherbett mit eingemachten Preiselbeeren

Herbst

Altbayerische Suppe
Hasenpastete mit Cumberlandsauce

Frischlingsrücken mit Böhmischen Knödeln
Karlsbader Brezeln
oder
Kuttelflecksuppe
Schinkenpastete mit Weißbrot
Fasan auf Sauerkraut und gerösteten Semmelscheiben
Zimtnudeln

Winter

Bartsch
Frankfurter Bratwurst mit verlängertem Grünkohl
Gaisburger Marsch
Fürst-Pückler-Bombe
oder
Brennsuppe
Berliner Gänseklein
Curry von Kaninchenfleisch mit Serviettenklößen
Birnenbeignets mit Schüttelweichseln

»Fastentage«

kann man sich mit entsprechenden Rezepten auch ganz nett machen. Nachfolgend zwei Beispiele, wie Sie sich an solchen Tagen verwöhnen können.

Blumenkohlsuppe
Aal, in Salbei geröstet, mit Rotkraut
Dorsch überbacken mit Butterreis
Apfel-Grieß-Auflauf mit Weichseln
oder
Dillsuppe
Heringe, pikant angemacht

Hecht in Béchamelsauce mit Butterkartoffeln
Altdeutscher Napfkuchen

Zum Schluß möchte ich Ihnen noch ein Beispiel geben, wie »früher« ein großes Menü aussah:

Flundern, gebacken, mit Senfsauce und frischen Salaten
Hammelbrust mit Semmelleberfüllung und Zwiebelgemüse
Apfelweingelee
Backpflaumenauflauf oder Blaubeerkuchen
Aprikosentrüffel
verschiedener Käse und feines Obst
Kaffee
Likör

Um gute Speisen zu bereiten, bedarf es einer guten Planung in der Küche und eines Blicks auf den »Küchenjahreskalender«. Nachfolgend dazu einen Streifzug durch Großmutters Küchen- und Marktkalender.

Januar

Salate: Endivien, Eskariol, Feld- und Ackersalat
Pilze: Schwarze Trüffeln, Zuchtchampignons
Obst: Äpfel, Orangen, Bananen, Ananas, Datteln, Feigen, Hasel-, Wal- und Paranüsse, Feigen
Gemüse: Weiß- und Rotkraut, Sauerkohl, Hülsenfrüchte, Grün- und Blumenkohl, Wirsing, Artischocken

März

Salate: Frühgurken, Endivien, Rapunzeln

Pilze: Morcheln, Zuchtchampignons
Obst: Mandarinen, Ananas, Pampelmusen, Birnen, Äpfel, Datteln, Bananen
Gemüse: Rosenkohl, Hopfen, Meerrettich, Porree, Schwarzwurzeln, Sellerie, Spinat, Brunnenkresse, Fenchel

Mai

Salate: Kopfsalat, grüner Frühbeetsalat
Pilze: Morcheln, Champignons, Trüffeln, Maipilze
Obst: Stachelbeeren, Kirschen, Treibhausfrüchte
Gemüse: Spargel, Spinat, junger Kohlrabi, Tomaten, Sauerampfer, Flageoletts, Schwarzwurzeln, Hopfen, grüne Erbsen

Juli

Salate: Gurken, Blattsalate, Tomaten, Rettiche, Radieschen
Pilze: Deutsche Weißtrüffeln, Pfifferlinge, Kapuzinerpilz, Butterpilz, Rotkappen, Maronenpilz
Obst: Himbeeren, Erdbeeren, Johannis- und Stachelbeeren, Aprikosen, Reineclauden, Kirschen, Birnen, Heidelbeeren
Gemüse: Schoten und Bohnen, Petersilie, Möhren, Tomaten, Kartoffeln, grüner Spargel, Mangold

September

Salate: Endivien, Eskariol, Gurken, Rettiche, Radieschen
Pilze: Echter Ziegenbart, Hallimasch
Obst: Preiselbeeren, Birnen, Bananen, Pflaumen,

Weintrauben, Melonen, Quitten
Gemüse: Maiskolben, Kürbisse, Tomaten, Sellerie, Kohlrabi, Bohnen, weiße Rüben

November

Salate: Rapunzeln, Endivien, Brunnenkresse
Pilze: Deutsche Schwarztrüffeln, Zuchtchampignons, Hallimasch
Obst: Quitten, Nüsse aller Art, getrocknetes Obst, Feigen, Orangen, Äpfel, Weintrauben, Preiselbeeren, Datteln
Gemüse: Sauerkraut, Kürbisse, Kerbel, Spinat, Kohlrabi, Erbsen, Linsen, Rosenkohl, Hirse, weiße Bohnen, Teltower Rübchen

Dezember

Salate: Rote Rüben, Endivien, Eskariol, Rapunzeln
Pilze: Deutsche Schwarztrüffeln und Zuchtchampignons
Obst: Mandarinen, Datteln, Feigen, Pampelmusen, Birnen, Weintrauben, Bananen
Gemüse: Welschkohl, alle Rübensorten, Eierfrüchte, Schwarzwurzeln, Bleichsellerie

Heutzutage ist dieser Jahreszeitenkalender etwas verschoben, da wir viele Artikel aus dem Ausland beziehen und auch im Treibhausverfahren Fortschritte und Veränderungen gemacht haben.

Register

Aachener Printen	92
Aal in Bier	70
Aal in Salbei geröstet	70
Altbayerische Suppe	8
Altdeutscher Napfkuchen	92
Altdeutscher Rindertopf	13
Amerikaner	93
Ananasbowle	172
Anchovissauce	44
Aniskücheln	94
Apfel-Grieß-Auflauf mit Weichseln	95
Apfelkuchen mit Streusel	95
Apfelsinenlikör	170
Apfelweinbowle	170
Apfelweingelee	97
Aprikosentrüffel	96
Ausgezogene (Bayrische Küchle)	97
Backpflaumenauflauf	98
Bananensülze	99
Bartsch – einfache rote Rübensuppe	8
Baumkuchen-Schichttorte	99
Béchamelsauce	45
Berliner Gänseklein	14
Berliner Luft	100
Berliner Pfannkuchen	101
Bernaisesauce	45
Bienenstich	102
Birnenbeignets	103
Birnentorte	104
Blätterteigquadrate	105
Blätterteigräder	105
Blätterteigtaschen	106
Blätterteigtorte mit Kirschen	106
Blaubeerkuchen	108
Blumenkohlsuppe	9
Böhmische Knödel	36

Bouletten	56
Brandnudeln	109
Brandteigringe	109
Bremer Labskaus	65
Brennsuppe	10
Brottorte	110
Butterkuchen	111
Champignonbutter	47
Cumberlandsauce	47
Curry von Kaninchenfleisch	82
Dillsuppe	11
Donauwellen	112
Dresdner Mehlspeise	113
Eclairs	113
Eier in Senfsauce	26
Eierbier	171
Eingelegte Gewürzgurken	173
Eingemachte Preiselbeeren	178
Entensalmi	82
Erbsenpudding	26
Erbsenpüree	27
Erdbberschnitten	115
Erdbeerkaltschale	115
Erdbeersaft	172
Erdbertorte mit Quarksahne	116
Erste Liebe	174
Essigkrensauce	49
Familienpunsch	173
Fasan auf Sauerkraut	83
Faschingskrapfen nach Wiener Art	118
Fenchelsauce	48
Fischauflauf vom Schellfisch	73
Fischgulasch	72
Fischpflanzerl	74
Fischrouladen	75

Fischspeise vom Kabeljau	73
Fleischtascherln oder Specknudeln	57
Flockentorte	119
Frankfurter Bratwürste	57
Früchtebrot	120
Fruchtsterne	121
Frühlingsragoutsuppe	12
Fürst-Pückler-Bombe	122
Gaisburger Marsch	59
Gänsekeulen mit Paprika	85
Garnelensauce	49
Gebackene Muscheln	79
Gebackene Tauben	89
Gebratene Flundern	72
Gebratener Frischlingsrücken	84
Gedünstetes Rubhuhn	89
Gedünstetes Zwiebelgemüse	34
Gefüllte Kartoffeln	28
Gefüllter Krautkopf oder Kohlpudding	30
Gekochte Hammelzunge	86
Gelbe-Rübe-Sauce	49
Graupensuppe	13
Grießschmarren	123
Grüne kalte Buttersauce	46
Grünkohlsuppe	15
Gulasch aus Hammelfleisch oder Schöpfenragout	58
Gurkensuppe	15
Hagebuttenschnaps	175
Hammelbrust mit Semmelleberfüllung	59
Hammelnieren	60
Haselnußkuchen	124
Hasenpastete	86
Hecht in Béchamelsauce	76
Hefezopf	124
Heidelbeerstrudel	126
Himbeerlimonade	175
Himmel und Hölle	61

Hofpunsch	176
Hühnerbouillon	16
Hühnerfrikassee	88
Kalbsfrikassee	62
Kalbskopfsuppe	17
Kalbsnierenkroketten	64
Kalte Ente	176
Kalte Kalbsleberpastete	63
Kalte Schnittlauchsauce	53
Karlsbader Brezeln	126
Karlsbader Schnitten	128
Karnevalsbrezeln	127
Karpfen in Bier	77
Kartoffelbiskuit	36
Kartoffeltorte	37
Käse-Kirsch-Kuchen	129
Käse-Sahne-Torte	130
Käsesuppe	18
Kastanienpüree	29
Katalonischer Eintopf	21
Kirschstrudel	132
Klausenburger Kraut	29
Klöße von Fischresten	78
Königsberger Klopse	64
Königskuchen	133
Kräuteressig	177
Krebsauflauf	78
Kremser Senf	177
Krokanttorte	133
Kümmelsauce	50
Kürbissuppe	8
Kuttelflecksuppe	18
Lebersuppe	19
Leipziger Allerlei	30
Linzer Schnitten	135
Lungenkrapfen	66

Makkaronimuscheln	37
Mandelkrensauce	50
Mandelspekulatius	136
Maraschino-Torte	137
Marmorkuchen	138
Marzipanschnitten	139
Mixed Pickles	178
Muschelsauce	51
Neujahrsbrezel	139
Neujahrstorte	140
Nockenwassersuppe oder Kloßwassesuppe	20
Nudelauflauf	38
Nudelpudding	39
Orangentorte	142
Osterfladen	143
Osterlamm	144
Osterzopf	145
Parmesannockerln	40
Pfeffernüsse	147
Pfefferpotthast	67
Pflaumenkuchen	147
Pichelsteiner Eintopf	20
Pikant angemachte Heringe	76
Pommersche Bohnensuppe	10
Quarktorte mit Himbeeren	148
Ragoutknödel	40
Rehfleischsuppe	22
Reisschöberl	41
Rindsrouladen oder Rindsvögerl	67
Rosenkohlsuppe	22
Rosinensauce	51
Rotweinsuppe	23
Rumtörtchen	150
Sandkuchen	151

Sardellensauce	52
Sauerampferpüree	31
Schinkenpastete	68
Schmarrenteigwürfel	41
Schokoladen-Buttercreme-Torte	153
Schokoladenherzen	154
Schokoladenmakronen	155
Schuhsohlen	156
Schüttelweichseln	179
Schwäbische Springerle	157
Schwarzwälder Kirschtorte	158
Schweinsöhrchen	160
Selleriesauce	52
Senfsauce	53
Serviettenklöße	42
Spargelsuppe	23
Steinpilzsalat	32
Streuselkuchen mit Quark	161
Süße Buttermilchsuppe	11
Teegebäck	162
Traubenscherbett	179
Überbackener Dorsch	71
Verlängerter Grünkohl	27
Wachsbohnensalat	32
Waffeln fein	163
Walnüsse in Essig und Zucker	180
Warme Bohnensauce	46
Warmer Arrakpunsch	171
Weintraubentorte	164
Welfencreme	165
Windbeutel	166
Wirsinggemüse	33
Zander nach badischer Art	80
Zimtnudeln	167
Zimtsterne	168